ROADBOOK

Snežana Šimičić ▪ Stephan Fennel

Unterwegs auf der legendären Küstenstraße

JADRANSKA MAGISTRALA

VON SLOWENIEN ÜBER KROATIEN NACH MONTENEGRO

MTM
MOTOURMEDIA

Kartenlegende

- Startort Etappe
- Zielort Etappe
- Start- und Zielort Rundtour
- Nationalpark; Naturpark
- Originalroute / Fahrtrichtung
- Pass
- Sehenswürdigkeit
- Gipfel
- Fähre
- Abstecher / Fahrtrichtung

GRATIS GPS-DOWNLOAD

www.alpentourer.de/gps/gps-roadbook-magistrala

ROADBOOK – JADRANSKA MAGISTRALA –

Unterwegs auf der legendären Küstenstraße von Slowenien über Kroatien nach Montenegro

Eine Produktion von MoTourMedia e.K.
Hastener Straße 140 • 42349 Wuppertal
T +49 (0)2 02 94 60 02 26
service@motourmedia.de

Verlagsshop
www.tourershop24.de

1. Auflage • 2023 • DA01
 • ISBN 978-3-939997-52-8

Kartenbasis
© 123map; Daten: OpenStreetMap; Lizenz ODbL 1.0

Layout | Routen-Kartographie
Stephan Fennel • Andrea Hiller

Text & Bild
Snežana Šimičić • Stephan Fennel

Weitere Fotos
AdobeStock: #343252961 (Titel Mitte), #288730926 (24), #16179464 (48), #256925775 (68), #72183528 (78), #285780829 (79); Darko Novosel (51, 84), Leonardo Lucarelli (Titel Karte 1, 39, 50, 73, 74, 75, 76, 87); Zajednica Poduzeća za ceste sr Hrvatske (14); Hrvatska tehnicka enciklopedija (15, 19); Vlada Crne Gore (18); Michal Kucharski (20); ART RedaktionsTeam (22, 32, 27, 28, 29); HTZ (30, 32, 33, 35, 47, 61, 70, 77, 90, 94, 100, 101, 103, 104, 105); Thomas Krämer (40, 41, 58); BMW Motorrad (44); Christoph Berg (51, 53, 63, 64); Suzuki Motorrad (71); Etnoland Dalmati (75); Dubrovnik Neretva Tourist Board (Titel oben, 92); Matko Begović (95); PP Biokovo (97); Makarska Riviera (98); Igor Kralj / Pixsell (99); NTO Montenegro (115, 116, 117, 120, 121, 122, 125).

Wikimedia Commons
CC BY-4.0-DE: Falk2 (10); Jelena Radnić Morić (13); Ruk (39); Antonio199cro (46); Silverije (47); H. Helmlechner (54); Jozef Kotulič(71, 72); Rajashree Talukdar(80); Niegodzisie (108);

CC BY-3.0-DE: Danko Crnković (38); Friedrich Böhringer (55); PJL (55); Ludovic Péron (81);

CC BY-2.0-DE: TimeTravelRome (79); Dronpicr (85); Nick Savchenko (102); Sharon Hahn Darlin (111).

Gemeinfrei (CC0): Titel unten Mitte, 12, 16, 17, 21, 29, 95, 109.

Hinweis
Sämtliche Informationen wurden nach bestem Wissen recherchiert; für die Richtigkeit dieser Informationen kann jedoch keine Gewähr gegeben werden.

Am Wasser gebaut

Die fast 1000 Kilometer lange Strecke von Slowenien über Kroatien nach Montenegro ist für uns eine der schönsten Küstenstraßen Europas, wenn nicht gar der Welt! Und das kann sie auch für euch werden ...

Snežana Šimičić & Stephan Fennel – in Zadar.

Was ist nicht schon alles über diese wunderbare Straße geschrieben worden. Immer wieder gerne: Die Jadranska Magistrala sei eine der gefährlichsten Straßen der Welt. Auch Begriffe wie „lebensbedrohlich“ wurden und werden selbst heute noch verwendet. Dabei ist die fast 1000 Kilometer lange Strecke vor allem in ihrem zentralen Teil – als D 8 zwischen Rijeka und Dubrovnik – ein Meisterwerk. Ganz hohe Ingenieurskunst! Verlockend ist zudem die Kombination aus salziger Meeresluft, dem Rauschen der Wellen und den herrlichen Ausblicken auf die Berge im Hinterland.

Mehr Freude denn je

Wer zumindest Teilstücke schon länger nicht mehr befahren hat, mag sich natürlich noch an das holprige Kopfsteinpflaster und die vielen Lastwagen erinnern, die einen zügigen Verkehrsfluss behinderten. Doch durch den Auf- und Ausbau des Autobahnnetzes ist dies gefühlt ewig her. Der Schwerverkehr weicht längst auf die mautpflichtigen, aber deutlich schnelleren Strecken im Landesinneren hinter dem imposanten Küstengebirge aus. Und genau deshalb bereitet die Jadranska Magistrala ihren Nutzern mehr Freude denn je.

Für uns ist eine Befahrung immer ein Roadtrip der besonderen Art.

Besonders die kroatische Regierung hat in den vergangenen Jahrzehnten viel Geld in den Erhalt ihrer wichtigsten Touristenstraße investiert. Der Asphalt wird alljährlich in den Wintermonaten an den meistbefahrenen Stellen aufwendig saniert. Fast alle neuralgischen Punkte sind mit modernen Leitplanken entschärft. Wer sich von einheimischen Rasern nicht zu Wettrennen hinreißen lässt und trotz der vielfältigen Panoramablicke den Verkehr im Auge behält, kann also unbesorgt unterwegs sein.

Trotzdem ist in bestimmten Situationen Vorsicht geboten. Dazu gehören Regentage, denn bei nasser Fahrbahn kann sich die Straße stellenweise in eine Rutschbahn verwandeln. Eine weitere Herausforderung ist die Bura. Dieser legendäre Adriawind erreicht in Böen Spitzengeschwindigkeiten von bis zu 250 Kilometern. Damit ist dieser Fallwind einer der stärksten der Welt. Er tritt vor allem in den Herbst- und Wintermonaten auf. Ist dies der Fall, sperrt die örtliche Polizei Abschnitte der Magistrala. Vor allem in Norddalmatien: im Bereich zwischen Senj und Rovanjska, in der Nähe des Sveti-Rok-Tunnels und auf der Maslenica-Brücke. Zufällig genau unser persönlicher Lieblingsabschnitt!

Auch wir mussten vor Ort schon einsehen, dass ein Weiterkommen nur über die Autobahn möglich ist und die Alternative Warten heißt. Daher ist es wichtig, regelmäßig die lokalen Verkehrsmeldungen zu verfolgen. Gerne auch über die entsprechende Smartphone-App (**hak.hr/de**).

Für uns ist eine Befahrung der Jadranska Magistrala – übrigens egal mit welchem Fahrzeug, ob Motorrad oder Auto – immer wieder ein Roadtrip der besonderen Art und hat uns in den vergangenen Jahren unvergessliche Erlebnisse beschert.

Neugier gehört zu unserem Wesen. Deshalb bleiben wir natürlich nicht immer auf der eigentlichen Küstenstraße, sondern machen Abstecher, vor allem dorthin, wo es interessant ist. Gleiches möchten wir euch empfehlen, denn es lohnt sich. Ihr werdet schon sehen …

Gut zu wissen

Für eine Reise mit Auto, Motorrad oder Wohnmobil gelten entlang der Jadranska Magistrala einige besondere Regelungen.

Die Länder entlang der Jadranska Magistrala:

Slowenien: Fläche 20 723 qkm; Einwohner 2,1 Mio.; Länderkennung SI; Vorwahl +386.

Kroatien: Fläche 56 549 qkm; Einwohner 3,9 Mio.; Länderkennung HR; Vorwahl +385.

Bosnien und Herzegowina: Fläche 51 197 qkm; Einwohner 3,3 Mio.; Länderkennung BiH; Vorwahl +387.

Montenegro: Fläche 13 812 qkm; Einwohner 621 Tsd.; Länderkennung MNE; Vorwahl +382.

Neben den wichtigsten Verkehrsregeln haben wir im Folgenden zusätzlich ein paar hilfreiche Tipps zusammengefasst. Da Slowenien (SI) und Kroatien (HR) EU-Mitglieder sind, gilt in beiden Ländern auch EU-Recht. Für Bosnien & Herzegowina (BiH) sowie Montenegro (MNE) als Nichtmitglieder gibt es Sonderregelungen.

Notruf in Slowenien

SOS-Notruf: 112 (Polizei: 113).

Notruf in Kroatien

SOS-Notruf: 112 (Polizei: 92 | Feuerwehr: 93 | Rettung: 94).

Notruf in Bosnien & Herzegowina

Kein SOS-Notruf. Polizei: 122 | Feuerwehr: 123 | Rettung: 124.

Notruf in Montenegro

Kein SOS-Notruf. Polizei: 92 | Feuerwehr: 93 | Rettung: 94.

Autos, Wohnmobile & Motorräder

Es gibt unterschiedliche Bestimmungen zu Warnwesten oder Erste-Hilfe-Sets. Auto- und Motorradfahrer sollten der Einfachheit halber in allen Ländern beides mitführen und im Falle eines Unfalls oder einer Panne auch tragen. Für Fahrzeugführende ist dies zumeist auch Vorschrift. Motorradfahrer müssen die Weste also nicht grundsätzlich während der Fahrt tragen. Für sie gilt aber generell eine Helmpflicht. In allen Ländern besteht zudem ganztägig eine Lichtpflicht, in Kroatien an Pkw jedoch nur in den Wintermonaten November bis März (inklusive).

Tempolimit & Promille

In den vier von der Magistrala tangierten Ländern gilt innerorts ein Tempolimit von 50 km/h, außerorts Tempo 90 in SI / HR, Tempo 80 in BiH sowie MNE. Auf Schnellstraßen gilt überall Tempo 110, auf Autobahnen Tempo 130. In Kroatien gibt es eine Sonderregelung für Fahrende bis 24 Jahre: 80/100/120 km/h. Die Promillegrenze beträgt in SI / HR 0,5 Promille, in BiH sowie MNE 0,3 Promille. Für Fahranfänger gilt überall 0,0 Promille.

Bußgelder

Wer sofort zahlt, reduziert sein Bußgeld. Wie hoch der Nachlass beim Bußgeld ausfällt, variiert je nach Ordnungswidrigkeit. Gerade Parkknöllchen sollten umgehend vor Ort beglichen werden. Bei späterer Bezahlung wird es teurer.

Radarwarngeräte, die eine Messung aktiv stören, sind verboten. Es werden hohe Geldstrafen fällig. Navigationsgeräte mit integrierter POI-Radarwarnfunktion werden meist toleriert. Aufgrund fehlender einheitlicher Rechtsgrundlage (auch in der EU) ist dies aber eine Grauzone. Gleiches gilt für Dashcams: Es fehlen bislang konkrete gesetzliche Regelungen.

Tanken

Die bei uns gängigen Spritsorten sind auch entlang der Jadranska Magistrala erhältlich. Günstig sind oft die einer der großen Supermarktketten angeschlossenen Tankstellen sowie die 24h-Tankautomaten. In Regionen mit spärlicher Infrastruktur empfehlen wir, die Fahrzeuge häufiger und an personell besetzten Tankstellen zu füttern.

Währung & Kartenzahlung

In den EU-Ländern SI und HR ist der Euro (in HR seit Anfang 2023) die Landeswährung. BiH und MNE führten 1998 die Deutsche Mark als Zahlungsmittel ein. MNE hat 2002 dann auf den Euro gewechselt, was einem Nicht-EU-Mitglied eigentlich nicht erlaubt ist, aber seither geduldet wird. Allerdings darf die Zentralbank keine eigenen Euromünzen prägen. In BiH wurde die D-Mark zur Konvertiblen Mark und 2002 im Wert fix an den Euro gebunden (1 EUR = 1,95583 KM). Die neuen deutschen Girokarten werden nur dann akzeptiert, wenn sie noch über Zusatzfunktionen wie Maestro oder V-Pay verfügen. Kreditkarten hingegen sind ein gängiges Zahlungsmittel. In BiH fallen Umrechnungsgebühren an.

Reisedokumente

Für Reisen nach SI / HR genügt ein Personalausweis. Grenzkontrollen entfallen seit dem Beitritt Kroatiens zum Schengenraum. An den Grenzen zu BiH / MNE sind verschärfte Kontrollen möglich. Ein Aufenthalt bis zu 90 Tagen ist visumfrei. Es genügen Personalausweis, Reisepass, vorläufiger Reisepass oder Kinderreisepass, die bei Ausreise noch mindestens 3 Monate gültig sind. Für das Fahrzeug muss eine grüne Versicherungskarte vorhanden sein.

Krankenversicherung

EU-Bürger haben in MNE Anspruch auf kostenlose medizinische Versorgung. Wer nach BiH / MNE reist, sollte eine private Auslandskrankenversicherung abschließen, da deutsche Krankenkassen z.B. Kosten für einen Transport in geeignete Behandlungszentren oder zurück nach Deutschland nicht erstatten.◄

MOTOURMAPS – laminiert für unterwegs.

Adriaküste; ISBN 978-3-939997-73-3; EUR 12,80

Slowenien; ISBN 978-3-939997-70-2; EUR 11,80

Montenegro; ISBN 978-3-939997-71-9; EUR 11,80

Ein alter Abschnitt der Jadranska Magistrala östlich von Dubrovnik in Richtung Cavtat.

Titos Vermächtnis

Den Grundstein legten die Römer, später werkelten sowohl Franzosen, Österreicher als auch Deutsche an ihr herum. Doch erst unter dem jugoslawischen Staatsführer Jozip Broz, genannt Tito, wurde die Jadranska Magistrala zur wohl schönsten Küstenstraße Europas.

Noch 1960 bestanden weite Teile der Jadranska Magistrala aus Schotter, nicht Asphalt.

Die Jadranska Magistrala ist eine der schönsten Küstenstraßen Europas, wenn nicht der Welt, und ihre Existenz hat ganze Länder verändert. Sie verbindet Škofje im heutigen Slowenien mit Ulcinj im heutigen Montenegro, verläuft größtenteils durch Kroatien mit einem kleinen Abschnitt durch Bosnien und Herzegowina und ist insgesamt ziemlich genau 1000 Kilometer lang.

Ihr Ausbau hat viel mit den Veränderungen auf dem europäischen Kontinent im 20. Jahrhundert zu tun. Der Grundstein wurde jedoch bereits in der Römerzeit gelegt. Zu jener Zeit entstanden die ersten Siedlungen entlang der Adria. Es kam zum gegenseitigen Warenaustausch, der die Entwicklung von Verkehrsverbindungen notwendig machte. Die Art und Anordnung der ersten Wege entsprach in erster Linie den militärstrategischen und wirtschaftlichen Motiven der Machthaber und weniger den Interessen der Bevölkerung.

Der Grundstein zur Magistrala wurde bereits in der Römerzeit gelegt.

Diese alten römischen Viehwege waren schon damals auf einer Länge von mehr als 1000 Kilometern angelegt. Der Verlauf stimmt mit der heutigen Straße übrigens zu einem großen Teil überein. Allerdings gelang es den Römern nicht, ein durchgehendes Verkehrsnetz entlang der Küste aufzubauen, denn der Handel wurde weiterhin hauptsächlich auf dem Seeweg mit Karawanen durch das Landesinnere abgewickelt.

Dieser Zustand dauerte lange an. Und zwar bis in die napoleonische Zeit. Das Machtstreben des Franzosen brachte dann kurzzeitig neuen Schwung in den Straßenbau. Die inzwischen weitgehend brachliegenden römischen Wege wurden teilweise erneuert und stellenweise ausgebaut. In dieser Zeit entstand auch die Idee, eine Hauptstraße von Ljubljana nach Budva zu bauen. Doch diese geriet spätestens nach Napoleons Verbannung in Vergessenheit.

Vision einer Küstenstraße

Doch niemals so ganz. Die Vision einer Küstenstraße entlang der Adria hatte ab 1808 auch ein gewisser Kaiser Franz Joseph I. von Österreich. Ja richtig, der Gatte der legendären Kaiserin Sisi hatte ebenfalls seine Finger bei der Jadranska Magistrala im Spiel. Allerdings verfolgte auch er das Projekt nicht konsequent genug. Zwar erkannte er das Potenzial, mit einer solchen Straße die Wirtschaft der Region zu fördern, die inzwischen Teil seines Habsburgerreiches geworden war. Tatsächlich ließ er Teile der Straße entlang der Küstenstädte ausbauen. Sein Hauptinteresse galt jedoch der Verbesserung der administrativen Anbindung des Hinterlandes an Wien.

Eines der bekanntesten Beispiele ist der Mali Alan im südlichen Teil des Velebit-Gebirges (siehe ab S. 58). Diese Passstraße wurde unter seiner Regentschaft zu militärischen Zwecken angelegt – und um Zadar, damals ein wichtiges Verwaltungszentrum, über Nordkroatien mit Österreich zu verbinden. So lautet zumindest die offizielle Deutung. Eine Legende dagegen besagt, dass der Österreicher ein großer Liebhaber der köstlichen Fische aus der Adria war und diese Straße bauen

Heute hat moderner Straßenbau Einzug gehalten.

1975 auf der Magistrala bei Primošten in Dalmatien.

ließ, um sich regelmäßig mit möglichst fangfrischen Delikatessen versorgen zu können.

Diese und andere Straßen waren wichtig für die Entwicklung der Region, vor allem dort, wo noch keine neue Eisenbahntrassen angelegt worden waren, eine der weiteren Maßnahmen des österreichischen Kaisers. Allerdings darf man sich diese Straße noch nicht modern im heutigen Sinne vorstellen. Sie war durchgängig sehr schmal und meist lediglich mit Kies oder Schotter aufgefüllt. Nur an wenigen Stellen wurden bereits Beton oder Asphalt verbaut.

Der gewaltsame Tod von Franz Ferdinand, dem Neffen des Kaisers und offiziellen Thronfolger, und dessen Frau Sophie durch das Attentat von Gavrilo Princip am 28. Juni 1914 in Sarajevo war einer der Auslöser des Ersten Weltkriegs, der unter anderem zur Auflösung Österreich-Ungarns im Herbst 1918 führte.

Im Königreich Jugoslawien

Damit war der Weg frei für das „erste Jugoslawien", denn das Jahr 1918 markierte eben auch die Gründung des Königreichs Jugoslawien, das bis zur Besetzung durch die Achsenmächte im Zweiten Weltkrieg eine Monarchie bleiben sollte und im Prinzip aus denselben Staaten bestand wie das spätere sozialistische Konstrukt. Die einzige Ausnahme bildeten die Gebiete südlich von Triest und Istrien, die von Italien annektiert wurden.

König Alexander I. Karađorđević war ab 1921 König von Jugoslawien und blieb es bis 1934, als auch er einem Attentat zum Opfer fiel. Da sein Sohn Peter II. zu diesem Zeitpunkt noch minderjährig war, übernahm Pavle Karađorđević, ein Cousin des ermordeten Königs, als Regent die Führung des jugoslawischen Königreichs. Allerdings mehr oder weniger nur provisorisch.

Der eigentliche Machthaber zu jener Zeit war Ministerpräsident

Milan Stojadinović, der die Rückkehr zum Parlamentarismus versuchte, sich als Führer bezeichnen ließ, aber schon 1939 wieder abgesetzt wurde. In der Geschichte der Jadranska Magistrala nimmt er dennoch einen würdigen Platz ein, weil er den bereits bestehenden Abschnitt zwischen Rijeka und Novi Vinodolski ausbauen, verbreitern und betonieren ließ.

Der Zweite Weltkrieg sorgte für eine erneute Verbesserung der adriatischen Küstenstraße. Diesmal waren es die nationalsozialistischen deutschen Besatzer, die sich um die Arbeiten kümmerten. Natürlich nicht aus hehren Motiven, sondern um ihre Truppen zügig entlang der Küste manövrieren zu können. Als das Deutsche Reich am 6. April 1941 das Königreich Jugoslawien angriff, zeigte sich äußerst schnell die Fragilität dieses südslawischen Monarchiekonstruktes.

Der Zweite Weltkrieg sorgte für den weiteren Ausbau der Küstenstraße.

Innerhalb kürzester Zeit brach die Armee zusammen, denn nicht nur Kroaten und Slowenen desertierten in Scharen, da sie nicht bereit waren, ihr Leben für das ungeliebte Königreich zu riskieren. Nach lediglich elf Tagen kapitulierte Jugoslawien und das Gebiet wurde zwischen dem Deutschen Reich und

Die Jadranska Magistrala in den 1960er-Jahren bei Novi Vinodolski an der Kvarner Bucht.

Die Infrastruktur mit Tankstellen und Raststätten war ein Schlüssel zum Erfolg der Magistrala.

seinen Verbündeten Italien und Bulgarien aufgeteilt.

Auf dem Gebiet Kroatiens wurde ein faschistisches Marionettenregime errichtet: der Unabhängige Staat Kroatien. Dessen Führer Ante Pavelić begann sofort mit der brutalen Verfolgung unerwünschter Volksgruppen und Religionsgemeinschaften, insbesondere von Serben und Juden. In Serbien weigerten sich derweil Teile der Zwischenkriegseliten, sich mit der schockierenden Niederlage abzufinden, und kämpften als Tschetniks unter der Führung von Dragoljub Draža Mihailović, einem ehemaligen Oberst der königlich-jugoslawischen Armee, gegen die deutsche Besatzung.

Das alles rief die Partisanen, die jugoslawische Volksbefreiungsarmee – also die Widerstandskämpfer – auf den Plan, aus denen ein gewisser Josip Broz als Held hervorgehen sollte. Und er würde das Schicksal von rund 23 Millionen Einwohnern in den sechs Ländern Slowenien, Kroatien, Bosnien und Herzegowina, Serbien, Montenegro, Mazedonien sowie den autonomen Regionen Vojvodina und Kosovo später für Jahrzehnte prägen.

Tito prägte für Jahrzehnte das Schicksal von rund 23 Millionen Menschen.

Die Rede ist natürlich von Tito. Diesen Spitznamen hatte sich der 1892 – noch im Habsburgerreich – in kleinbäuerlichen Verhältnissen im Dorf Kumrovac in der kroatischen Zagorje, dem Hinterland von Zagreb, geborene spätere Staatsmann bereits in den 1930er Jahren zugelegt. Zur Herkunft dieses Namenszusatzes kursieren die wildesten Theorien.

Die Legendenbildung

Die wohl schönste besagt, dass er aus der Verbindung der Worte ti (deutsch: Du) und to (deutsch: das) entstanden ist, die der damalige Partisanenführer in den Kriegsjahren oft zu einem Kommando zusammengefügt habe. Demnach soll er auf eine bestimmte Person gezeigt und dann die Aufgabe befohlen haben. Übersetzt bedeutet Tito also sinngemäß: Du tust dies und tust das!

Die im Untergrund agierenden Partisanen erwiesen sich als bemerkenswert widerstandsfähig. Ihr erfolgreicher Kampf gegen einen militärisch überlegenen Feind und dessen erfolglose Versuche, den Partisanenführer zu fassen, verliehen Tito allmählich die Aura eines genialen Kriegshelden.

Spätestens ab 1944 festigten die Partisanen ihre militärische Position und befreiten zahlreiche Gebiete. Anders als in den späteren sozialistischen Nachbarstaaten gelang ihnen dies ohne signifikante Unterstützung durch die Rote Armee, weshalb diese nach Kriegsende auch nicht im Land stationiert wurde.

Dieser Umstand legte denn auch den Grundstein für das Selbstbewusstsein der jugoslawischen Kommunisten, das einige Jahre später im Konflikt mit der Sowjetunion eine entscheidende Rolle spielte. Zwar präsentierten sie sich anfangs noch als treue Schüler Josef Stalins, und auch der Personenkult um Tito wurde nach sowjetischem Vorbild konzipiert und umgesetzt.

Am 29. November 1945 wurde die Föderative Volksrepublik Jugoslawien ausgerufen, nachdem die kommunistische Volksfront unter Tito die ersten

Auf der Magistrala in den sonnigen Süden.

Die alten Wege wurden oft in Handarbeit verbreitert.

Wahlen gewonnen hatte. Tito übernahm zunächst das Amt des Ministerpräsidenten und war von 1953 bis 1980 Präsident des Staates, der 1963 in Sozialistische Föderative Republik Jugoslawien umbenannt wurde.

Bereits 1948 kam es zum Bruch zwischen Tito und Stalin, der zum offiziellen Ausschluss Jugoslawiens aus dem sowjetischen Machtbereich führte. Dies legte den Grundstein für die Gründung der blockfreien Staaten und war entscheidend für die Entstehung der jugoslawischen Variante des Sozialismus. Ein „rotes Jugoslawien", ein humanerer Kommunismus, sollte aufgebaut werden.

Diese Situation zwang Tito aber auch, sich neue Verbündete zu suchen, da sein Staatengebilde aus eigener Kraft auf Dauer nicht überlebensfähig gewesen wäre. Aufgrund der wirtschaftlichen Isolation ging der Handel mit der damaligen UdSSR und anderen Ländern des sozialistischen Blocks bereits im Folgejahr um ein Drittel zurück.

Nach dem Tod Stalins 1953 kam es zwar zu einer leichten Annäherung zwischen Jugoslawien und der Sowjetunion. Dennoch verfolgte Tito eine außenpolitische Strategie, die ihm profitable Geschäfte sowohl mit dem Ostblock, als auch mit westlichen Staaten ermöglichte. Er knüpfte wichtige Kontakte zu Persönlichkeiten wie dem ägyptischen Staatschef Gamal Abdel Nasser, dem indischen Premierminister Jawaharlal Nehru sowie dem indonesischen Präsidenten Sukarno. Gute Beziehungen unterhielt Tito auch zu Deutschland, England – und den USA.

Ausbau der Magistrala

Dies erklärt auch den späteren Ausbau der Jadranska Magistrala unter Titos Führung. Im Jahr 1962 stationierten die Sowjets im kommunistischen Kuba ein Raketensystem, was die Welt an den Rand eines Atomkriegs brachte. Angesichts dieser Bedrohung in ihrer unmittelbaren Nachbarschaft begannen die Amerikaner ihrerseits, ihre Präsenz im sowjetischen Einflussbereich auszuweiten. Als Teil dieser Bemühungen entschieden sie sich, Jugoslawien zu unterstützen.

Mit einem Kredit der Weltbankkredit wurde die Magistrala finalisiert.

Es waren also tatsächlich die USA, die damals unter Ausschluss der Weltöffentlichkeit einen Weltbankkredit für den Bau der Jadranska Magistrala – und anderer Straßen innerhalb des Vielvölkerstaates – beantragten. Dies geht aus einem Bewertungsdokument (Appraisal of a Highway Project Yugoslavia) aus dem Jahr 1970 hervor, das auf der offiziellen Website der Weltbank veröffentlicht ist.

Demnach wurden Anfang der 1960er Jahre 35 Millionen US-Dollar bewilligt, was heute einem Betrag von rund 300 Millionen US-Dollar entspricht. Zum Vergleich: Für den Ausbau der 2022 eröffneten Pelješac-Brücke, die de facto zu einer Änderung der Streckenführung der Jadranska Magistrala führte (siehe ab S. 92), stellte die EU rund 357 Millionen Euro zur Verfügung.

Mit der Bewilligung dieses Weltbankkredits durch die Kooperation mit den USA, die übrigens in Jugoslawien nie öffentlich gemacht wurde, weiteren Darlehen sowie Verkäufen etwa von Staatsbesitz, um den sich Tito wohl persönlich gekümmert haben dürfte, wurde das Projekt

Auch später blieben die Arbeitsbedingungen an der Jadranska Magistrala hart.

Eröffnung der Magistrala im Mai 1965 – ohne Tito.

Jadranska Magistrala ab 1954 (Tito hatte schon vor der Zusammenarbeit mit den USA mit der Sanierung begonnen) bis 1965 in mehreren Bauabschnitten finalisiert.

Die Jahre 1961 bis 1965 waren die umfangreichste Bauphase, in der fast alle verfügbaren Kapazitäten im Straßenbau eingesetzt wurden. Rund 6 000 Arbeitskräfte buddelten die Verkehrsachse, oft in Handarbeit, aus unwegsamem Terrain. Vor allem dank der finanziellen Beteiligung der Weltbank verlief der Bau in dieser Phase wesentlich schneller und effektiver als in den vorangegangenen.

Tito wollte die Wirtschaft stärken und damit seinen Machtanspruch festigen.

Natürlich wollte Tito mit der Jadranska Magistrala nicht nur die inzwischen verhassten ehemaligen sowjetischen Gesinnungsgenossen ärgern. Es ging ihm mit dieser Straße vor allem darum, die Wirtschaft seines Landes zu stärken und damit automatisch seinen Machtanspruch zu festigen. So ließ er sich nicht zufällig am 7. April 1963 – also mitten in der entscheidenden Bauphase – zum Präsidenten auf Lebenszeit berufen, was er schließlich bis zu seinem Ableben am 4. Mai 1980 auch bleiben sollte.

Dass der Staatsmann auch Schattenseiten hatte und zum Diktator im Schafspelz mutierte, soll nicht unerwähnt bleiben. Wer sich ihm und seiner Politik widersetzte, wurde als Staatsfeind auf den Inseln Goli otok (Männerlager) und Sveti Grgur (Frauenlager) gefangen gehalten. Die Insassen wurden dort entweder gefoltert und liquidiert oder zur Zwangsarbeit eingesetzt, unter anderem beim Bau der Jadranska Magistrala. Erst Jahre nach Titos Tod wurden die Lager auf den beiden Inseln aufgelöst.

Der Plan, durch den Ausbau der Küstenstraße die heimische Wirtschaft zu stärken, indem ausländische Touristen angezogen werden, die entsprechende Devisen ins Land bringen, ist seither voll aufgegangen. Teilweise war die Idee einer gut ausgebauten Straße jedoch auch auf Titos persönliche Vorlieben zurückzuführen.

Zu Lebzeiten wurden ihm vier große Leidenschaften nachgesagt: Politik, Essen, Frauen und Transportmittel. Offiziell war er viermal verheiratet, hatte zudem unzählige Mätressen. Gerüchte über Liebschaften mit Weltstars wie Sophia Loren oder Elizabeth Taylor kursieren bis heute, wurden aber natürlich nie bestätigt. Belegt ist dagegen seine Liebe zu großen Schiffen wie der Galeb, seiner legendären Staatsjacht, und zu schnellen Autos.

Belegt ist Titos Liebe zu großen Schiffen und zu schnellen Autos.

Mehr als 80 Fahrzeuge sind verbrieft, die Tito in seiner Zeit als Präsident benutzte, selbst fuhr, zum Teil kaufen ließ, aber auch geschenkt bekam. Darunter 13 jugoslawische Zastava, zwölf Cadillacs, elf Mercedes, acht sowjetische ZIS, fünf Fords, zwei Rolls-Royce und ein Maybach. Zumindest ein Teil dieser Schätze ist heute im Technischen Museum in Ljubljana zu bewundern.

Auf einem seiner Lieblingsdomizile, den Brijuni-Inseln, empfing er nicht nur den internationalen Jetset und die wichtigsten politischen Herrscher und Herrscherinnen der Welt, sondern etablierte mit Fahrzeugen der britischen Manufaktur Victor Electrics auch eine der ersten Elektrofahrzeugflotten der Welt. Kein Wunder also, dass er sich in „seinem Land" zwischen den verschiedensten Küstenorten möglichst schnell und malerisch fortbewegen wollte.

Am 3. Mai 1965 fand die offizielle Eröffnung der Jadranska Magistrala statt, erstaunlicherweise in Titos Abwesenheit. Doch seither ist sie aus den Millionen von Urlaubserlebnissen entlang der Ostadria nicht mehr wegzudenken. ◄

Tito mit Sophia Loren im Elektromobil auf Brijuni.

Istrien zum Einstieg

Zugegeben, die ersten Kilometer ab dem offiziellen Beginn der Jadranska Magistrala in Spodnje Škofije sind unspektakulär. Ganz im Gegenteil zu den malerischen Küstenorte auf slowenischem und kroatischem Gebiet.

Rovinj ist einer der sehenswerten Küstenorte, die in Istrien über die Jadranska Magistrala erreicht werden können.

Der Hafen von Izola bildet ein farbenfrohes Highlight zum Einstieg in die Jadranska Magistrala.

Dobrodošli – also herzlich willkommen – in Spodnje Škofije. Der italienisch-slowenische Grenzübergang unweit von Triest im Nordwesten der Halbinsel Istrien markiert den offiziellen Ausgangspunkt der Jadranska Magistrala. Ehrlich gesagt ist der größte Teil dieser Einstiegsetappe rein fahrerisch gesehen vernachlässigbar. Diese Einstiegskilometer sind unspektakulär, um nicht zu sagen langweilig. Das ist aber noch lange kein Grund, sie ganz zu streichen. Die Straße ist hier zwar nur wenig reizvoll, nicht aber die Orte und Landschaften, die sich abseits von ihr auftun.

Dies liegt auch in der Grundkonzeption begründet. Dieser Teil der Magistrala war von Beginn an nicht als Küstenstraße, sondern lediglich als Zubringer zu den Küstenorten gedacht. In Slowenien verläuft ein großer Teil der Magistrala mittlerweile auf der mautpflichtigen Schnellstraße „Hitra cesta H 5" bzw. auf der Autobahn „Avtocesta A 1".

Es wird immer besser

Der restliche Abschnitt hat nur einen Fahrstreifen pro Richtung und ist als Hauptstraße „Glavna cesta 111" ausgewiesen. Die ersten Kilometer sind also wenig erbaulich. Aber es wird immer besser. Versprochen!

Also los: Koper, die einzige Seehafenstadt Sloweniens, macht von außen nicht gerade einen einladenden Eindruck, hat aber eine erstaunlich schöne mittelalterliche Altstadt zu bieten. Der Name des nächsten Ortes, Izola, bezieht sich auf das italienische Wort für Insel – und ist Programm. Denn das kleine Küstenstädtchen ist auf einer ehemaligen Insel entstanden. Erst Anfang des 19. Jahrhunderts riss man die Stadtmauer ab, um mit dem Schutt das Meer zwischen Insel und Festland aufzuschütten. Optisch prägt der Yachthafen das Stadtbild.

Der nächste Stopp sollte in Piran eingeplant werden. Die Stadt liegt am Ende einer langgezogenen Landzunge, die in das türkisblaue Wasser der Adria ragt. Sie ist eines der Aushängeschilder des slowenischen Tourismus – und ein besonders hübsches dazu. Allerdings will sie zu Fuß erobert werden. Auto oder Motorrad parkt man am besten auf dem großen Parkplatz vor den Toren der Stadt. Mit einem kostenlosem Shuttlebus gelangt man in die Altstadt, die ebenfalls auf einem Eiland erbaut wurde.

Seit Jahrhunderten wird bei Portorož Salz abgebaut.

Erbaut auf einer charakteristischen Landzunge ist Piran ein beliebtes Reiseziel.

Pirans Tartini-Platz ist über das Wasser gebaut.

Der Kern präsentiert sich mit seinen engen Gassen und den größtenteils denkmalgeschützten Häuserfassaden als Musterbeispiel italienisch-venezianischer Baukunst. Die Venezianer spielten, ebenso wie schon die Römer, eine wichtige Rolle in der optischen Entwicklung Istriens.

Im Zentrum dreht sich fast alles um Giuseppe Alessandro Ferruccio Tartini: So heißt der Hauptplatz, der mit hübschen, weißen Steinen gepflastert ist, Tartinijev trg (deutsch: Tartini-Platz). An einer seiner Ecken steht ein unübersehbares Denkmal. Außerdem ist eines der ältesten Häuser als sein Geburtshaus gekennzeichnet. Tatsächlich wurde der Mann, der schon zu Lebzeiten als „Teufelsgeiger" in die Annalen der Musikgeschichte einging, 1692 in Piran geboren.

Zwar ist Portorož offiziell „nur" ein Stadtteil von Piran. Die Entwicklung in den vergangenen Jahrhunderten hätte jedoch kaum unterschiedlicher verlaufen können. Im Gegensatz zu Piran hat Portorož keinen eigentlichen Ortskern. Das Bild präsentiert sich daher wie folgt: auf der einen Seite das Meer mit der Strandpromenade, auf der anderen Seite eine Aneinanderreihung von Hotels und in der Mitte die Hauptstraße. Sozusagen als Partymeile.

Keine langen Wartezeiten

Von hier sind es nur wenige Kilometer bis zur nächsten Grenze, der zwischen Slowenien und Kroatien. Doch da Kroatien schon seit Jahren Mitglied in der EU ist und 2023 endlich auch dem Schengen-Raum beitreten durfte, bedeutet dieser Umstand keine langen Wartezeiten. Kontrolliert wird hier nicht mehr.

Kurz hinter der Grenze wechseln die Farben. In diesem Teil Istriens ist die Erde rot. Nicht irgendwie rötlich oder ockerfarben, nein, tiefrot. Und leuchtend rot, wenn die Sonne scheint. Kein Wunder, dass der wissenschaftliche Name „terra rossa" lautet. Diese Art von Erde, die in der Sommerhitze austrocknet, aber dennoch genug Wasser für die Landwirtschaft speichern kann, gibt es im gesamten Mittelmeerraum – in Kroatien allerdings nur in diesem nördlichen Teil Istriens. Und bildet hier eine überaus solide Basis für gute Weine und edle Olivenöle.

Mit dem größten weißen Trüffel direkt ins Guiness-Buch der Rekorde.

Diese Region gleich hinter der Grenze gilt aber auch wegen einer anderen Delikatesse als Sehnsuchtsort für Feinschmecker: Es ist das einzige Gebiet auf kroatischem Boden, in dem Trüffel gefunden werden. Übrigens von Hunden und nicht von Schweinen wie in Italien.

Etwas abseits der eigentlichen Magistrale hat sich in Livade der „Trüffelkönig" Giancarlo Zigante ein riesiges Imperium aufgebaut, das einen Besuch wert ist. Mit einem Schlag wurde er 1999 weltberühmt, als er mit seiner Hündin im Waldgebiet entlang des Flusses Mirna den größten je gefundenen weißen Trüffel ausgrub: 1,3 Kilogramm wog der Pilz der besonderen Art. Zigante bekam dafür nicht nur umgerechnet 5 000 Euro, sondern auch einen Eintrag ins Guinness-Buch der Rekorde. ►

Die Trüffel der nordistrischen Wälder gelten als das „weiße Gold" Kroatiens.

Motovun ist schon aufgrund seiner einzigartigen Lage einen Besuch wert.

Gleich gegenüber dem Trüffelzentrum Livade – man muss nur das breite Tal der Mirna überqueren – erhebt sich stolz und uneinnehmbar das historische Städtchen Motovun mit seinen knapp 500 Einwohnern. Obwohl schon in vorrömischer Zeit besiedelt, hinterließen vor allem die Venezianer einen bleibenden Eindruck. Ihre Bauten prägen das architektonische Gesamtbild des Ortes, darunter eine doppelte Stadtmauer.

Auto- und Motorradfrei

Motovun ist Auto- und damit auch Motorradfrei. Wer den Ort besichtigen möchte, muss ihn zu Fuß erreichen, was angesichts der Lage auf einem steilen, 277 Meter hohen Hügel nicht einfach ist. 1052 Stufen sind auf einer um den Hügel führenden Treppe zu überwinden. Belohnt wird man dafür mit einer herrlichen Atmosphäre und beeindruckenden Panoramen über den Norden Istriens. Wie im nahe gelegenen Grožnjan haben sich auch in Motovun zahlreiche Künstler angesiedelt. Sie bieten ihre Werke in Galerien an.

Zurück auf der Magistrala geht es vom istrischen Hinterland direkt an die Küste. Über Novigrad führt die Route nach Poreč, einer weiteren Perle unter den Küstenstädten Istriens. Hier stören keine großen Hotelburgen das Bild, alles ist im alten Stil erhalten oder neu gebaut.

Ein römischer Wachturm flankiert noch heute den Beginn des „Decumanus", der Flaniermeile ins Herz der Stadt. Im weiteren Verlauf prägen Kunstläden mit filigranen Goldschmiedearbeiten oder Glasskulpturen, Eisdielen und Souvenirshops die mit historischen Steinplatten ausgelegten Gassen. Besonders sehenswert ist die von zwei Säulenreihen getragene Basilika mit ihren byzantinischen Mosaiken aus bunten Halbedelsteinen, Edelsteinen und Perlmutt.

Grožnjans Gassen laden zum Schlendern ein.

Ein Spaziergang durch die Altstadt gleicht einer Zeitreise: Fassaden venezianischer Adelspaläste bestimmen das Bild der Hauptgassen, dann stößt man auf Reste eines Neptun- und eines Mars-Tempels oder auf romanische und gotische Bauten. Um die halbinselförmige Altstadt führt zudem eine breite Promenade entlang der Befestigungsmauern direkt am Meer bis zum Hafen.

Nun verläuft die Route ein gutes Stück an der Küste entlang nach Süden. Funtana und Vrsar sind die Orte an der Adria, die unter Urlau-

Landzungen wie in Poreč waren beliebte Siedlungsorte, da leicht zu verteidigen.

Im Limski-Kanal werden Austern gezüchtet.

bern durchaus ihre Fans haben. Im Sommer ist es hier ziemlich voll. Zur besten Reisezeit im Frühjahr und Herbst sind sie dagegen ein Genuss.

Plötzlich versperrt ein tiefer Einschnitt der Straße den Weg, sie muss weit ins Landesinnere ausweichen: der Limski-Kanal, der kroatische Fjord. Doch das ist Unsinn, denn per Definition sind Fjorde vor Jahrtausenden durch das Abschmelzen von Gletschern am Ende der Eiszeit entstanden. In Kroatien gab es aber keine Gletscher. Rein geologisch handelt es sich um eine „Ria", also um eine Meeresbucht, die durch das Eindringen des Meeres in ein Flusstal entstanden ist. Auf Kroatisch heißt sie daher auch Limski Žaljev (also Lim-Bucht).

Hotspot für Austern

Dennoch braucht sich die Lim-Bucht zumindest rein optisch nicht hinter den bekannten Fjord-Beispielen etwa in Norwegen zu verstecken. Sie reicht etwa zwölf Kilometer ins Land hinein und ist an beiden Ufern von dicht bewaldeten Steilhängen gesäumt. Zudem bietet sie durch das Zusammentreffen von Süßwasser aus dem Lim-Bach und eindringendem Meerwasser beste Zuchtmöglichkeiten für Austern – die man an diesem Hotspot auch gleich probieren kann.

Nächste Station ist Rovinj. Die Stadt, deren Geschichte im zweiten Jahrhundert als unbedeutende Siedlung Ruginium begann, wurde

AUTOREN-TIPP

Der **Nationalpark Brijuni-Insel** besteht aus 14 einzelnen Inseln und steht unter Naturschutz. Besucht werden kann sowieso nur die größte Insel: Veli Brijuni. Vor allem die Besichtigung von Titos ehemaliger Sommerresidenz lohnt sich. Hier gibt es sogar einen Park mit exotischen Tieren. Zur autofreien Anreise setzen von Fažana aus mehrmals täglich Fähren über.

np-brijuni.hr/de
GPS 44.927081, 13.801982

unter den Venezianern zu einer der wichtigsten Hafenstädte im ganzen Adriaraum, was sie bis ins 19. Jahrhundert bleiben sollte.

Durch den barocken Balbi-Bogen, eines der drei von ursprünglich sieben erhaltenen Eingangstoren, gelangt man auf den Hauptplatz. Hier steht man auf dem 1763 zugeschütteten Meereskanal, der bis dahin die Insel vom Festland trennte.

Die Grisia trägt nicht ohne Grund den Beinamen „Künstler-Gasse".

Das war damals notwendig geworden, weil es kaum noch Wohnraum gab. Noch heute muss man eine gewisse Enge mögen, wenn man durch die auf einem Hügel erbaute Altstadt schlendert. Die Grisia-Gasse gilt als die schönste der ganzen Altstadt. Es sei schon an dieser Stelle verraten, dass es mühsam ist, die Stufen zum Hügel hinaufzusteigen. Das liegt an den ausgestellten Werken, die die Künstler nicht nur in den zahlreichen Galerien, sondern auch direkt unter freiem Himmel zum Kauf anbieten. Die Grisia trägt daher auch den Beinamen „Künstler-Gasse". Die Palette reicht von Ölgemälden über kunstvoll gezogene Kerzen bis hin zu Stickereien und Aquarellen. Man kann es sich nicht immer verkneifen, ab und zu innezuhalten und in kleine Hinterhöfe einzutreten, um dem einen oder anderen Künstler bei der Arbeit über die Schulter zu schauen. ►

Ein heute zugeschütteter Kanal trennte bis 1763 die Altstadt Ronvinjs vom Festland.

Die Barockkirche St. Euphemia lohnt den Anstieg durch Rovinjs steile Gassen.

Irgendwann sollte man sich aber doch vom bunten Kunsttrubel lösen, denn oben auf dem Hügel thront weithin sichtbar die Barockkirche St. Euphemia aus dem 17. Jahrhundert. Ihr 66 Meter hoher Glockenturm erinnert an den Markus-Turm in Venedig. Interessant ist die Blickrichtung der Statue auf der Turmspitze, die sich im Wind dreht. Wendet sie den Kopf zum Festland, wird es regnen. Schaut sie zum Meer, wird bestes Wetter beschert.

Pula, die größte Stadt Istriens, ist das nächste Ziel. Sie liegt nahe der Südspitze der Halbinsel. Durch einen Triumphbogen gelangt man in die Altstadt. Gleich gegenüber, auf dem Hauptmarktplatz, herrscht reges Treiben, Obst, Gemüse, Fleisch und Fisch aus der Region warten auf Käufer.

Die Gassen münden in das breite Forum. Am Rande des Platzes locken Straßencafés mit Erfrischungen aller Art. Hier treten auch Musiker und Künstler auf, die den Aufenthalt entsprechend kurzweilig gestalten.

Pulas Wahrzeichen

Von hier lohnt ein Abstecher zur Kathedrale aus dem 5. Jahrhundert und zum Bronzemodell der Stadt an einer Straßenkreuzung. Es verschafft einen Überblick und hilft bei der Orientierung. Ab da ist es nicht mehr weit zum Wahrzeichen Pulas: dem

Amphitheater, das unter Augustus im ersten Jahrhundert nach Christus erbaut wurde.

Die Südspitze Istriens ist Natur pur.

72 mächtige Rundbögen

Mit seinen Ausmaßen (133 x 105 Meter) gilt es weltweit als das sechstgrößte seiner Art. Aus jedem Blickwinkel ist es beeindruckend. Zwei Arkadenreihen mit jeweils 72 mächtigen Rundbögen werden von einem abschließenden Mauerkranz gekrönt. Der wird noch von 64 rechteckigen Fensternischen durchbrochen. Vespasian, der bereits das Kolosseum in Rom in Auftrag gegeben hatte, ließ das Oval des Amphitheaters bereits 60 Jahre nach seiner Erbauung auf seine heutige Größe erweitern. Davon profitieren Kulturinteressierte aus aller Welt, denn in dieser prächtigen Kulisse finden regelmäßig Theateraufführungen und Konzerte statt.

Auch Premantura liegt nicht direkt an der Magistrala, ist aber wegen seiner geographischen Besonderheit einen Besuch wert: Es ist der süd-

Die Arena von Pula ist eine prächtige Kulisse für Konzerte und Theater.

Das beschauliche Lovran entzückt bis heute.

lichste erreichbare Ort Istriens. Südlich davon erstreckt sich mit dem Kap Kamenjak, einer 9,5 Kilometer langen und 1,5 Kilometer breiten Naturlandschaft, die sich bestens für eine Badepause eignet, nur noch Natur.

Über Medulin führt die Strecke zurück ins Landesinnere. Hier beginnt dann endlich das eigentliche Fahrvergnügen. Auf ihrem abknickenden Verlauf ändert sich die Nummerierung der Küstenstraße. Aus der D 21, wie die Jadranska Magistrala im westlichen Istrien heißt, wird entlang der Ostküste bis Opatija die D 66. Die Landschaft, die die Küstenstraße hier durchquert, gewinnt zunehmend an Reiz. Die Zahl der Kurven nimmt mit jedem Kilometer zu und steigert sich noch einmal, wenn das Asphaltband endlich auf die Küste trifft.

Wen es schon etwas früher Richtung Wasser drängt, dem sei noch ein Abstecher nach Rabac empfohlen. Der malerische Küstenort ist von Labin aus schnell erreicht. Rund um den kleinen Hafen bieten Cafés, Restaurants und Eisdielen abwechslungsreiche Entspannung.

Herrliche k.u.k.-Tradition

Die Küstenstraße auf der Ostseite Istriens ist weit weniger bebaut als ihr westliches Pendant und bietet dennoch sehenswerte Dörfer wie Mošćenička Draga und Ičiči. Der Abschnitt zwischen dem Abzweig zur Fähre nach Cres in Brestova und den von k.u.k.-Tradition geprägten Orten wie Lovran oder Opatija ist zudem ein Leckerbissen, den man wenigstens einmal im Leben genossen haben sollte.

Lovran liegt direkt am Meer, ist aber auch von einem dichten Kiefernwald umgeben. Sehenswert ist die mittelalterliche Altstadt mit ihren jahrhundertealten Kirchen und engen Gassen. Den Aufstieg vom unscheinbaren Fischerort zum touristischen Highlight verdankt es der österreichisch-ungarischen Elite, die Mitte des 19. Jahrhunderts an diesem Fleckchen Erde nach Alternativen suchte – und fündig wurde. Das spiegelt sich auch in der Architektur wider. Die zahlreichen Villen, heute fast ausschließlich als Hotels genutzt, stammen alle aus jener Zeit.

Das malerische Opatija war entscheidend für den Beginn des Tourismus.

Etliche prunkvolle Bauten säumen auch den folgenden Abschnitt der Magistrala bis nach Opatija. Damals versammelte sich hier der (Geld-)Adel zum Überwintern, heute sind es vornehmlich gut betuchte Pensionäre. Überhaupt war der malerische Küstenort für den Beginn des Tourismus im Lande entscheidend, denn hier wurden die ersten Hotels an der kroatischen Adria gebaut. Die allererste Herberge existiert noch heute unter dem Namen Hotel Kvarner. Sie stammt aus dem Jahr 1884.

Hier, am nördlichen Ende der Kvarner Bucht, mündet die D 66 bei Matulji zu guter Letzt in die D 8, unter der die Jadranska Magistrala heutzutage den meisten Reisenden bekannt sein dürfte. Doch bevor die Straße entlang der Küste zum kurvenreichen Lindwurm wird, muss sie sich zunächst durch Rijeka zwängen, das verkehrstechnisch seit jeher als Nadelöhr gilt. ◂

Mit mediterranem Flair gilt Opatija als Geburtsstätte des Adria-Tourismus.

Muggia
Spodnje Škofije
Koper
Izola
Piran
Portorož
Savudrija
Seča
Sečovlje
SI
Gračišče
Sočerga
Pozane
Podgrad
Ilirska Bistrica
Sušak
Rupa
SI
HR
Umag
Buje
Šterna
Buzet
Grožnjan
Livade
Motovun
Matulji
Viškovo
Opatija
Rijeka
Ičići
Lovran
Medveja
Mošćenička Draga
HR
Novigrad
Kaštelir
Barići
Višnjan
Tar
Tinjan
Trviž
Pazin
Poreč
Baderna
Potpićan
Funtana
Vrsar
Limski Kanal
Kloštar
Žminj
Kanfanar
Zagore
Vozilići
Brseč
Brestova
Porozina
Cres
Labin
Rabac
Rovinj
Barban
Bale
Kapelica
Rakalj
Prodol
Vodnjan
Marčana
Fažana
Nationalpark Brijuni
Loborika
Valtura
Jadreški
Pula
Šišan
Ližnjan
Pomer
Medulin
Premantura
Vodice
Cres
Lubenice
Martinscica
0 5 10 15 km

TOURDAUER

ca. 5 Stunden (reine Fahrtzeit)
2 – 3 Tage (mit Besichtigungen)

STRECKENLÄNGE

ca. 250 Kilometer

ROADBOOK

Spodnje Škofije, Koper, Izola, Piran, Portorož, Buje, Novigrad, Poreč, Funtana, Vrsar, Limski Kanal, Rovinj, Pula, Labin, Plomin, Lovran, Opatija, Rijeka.

INFO

slovenia.info/de · croatia.hr · istra.hr/de

CHARAKTERISTIK

Auf dieser Einstiegsetappe der Jadranska Magistrala erkundet man hauptsächlich die Halbinsel Istrien, sowohl den slowenischen als auch den kroatischen Teil. Fahrtechnisch besonders reizvoll wird sie erst im weiteren Verlauf, vor allem ab dem Übergang in die Kvarner Bucht.

SCHAUEN

Die **Arena** von **Pula** war vor 2 000 Jahren Schauplatz von Gladiatorenkämpfen. Heute bestaunt man das sechstgrößte Bauwerk seiner Art (GPS 44.873458, 13.851085). Kulturliebhaber sollten sich im Voraus über die Veranstaltungen informieren. Auf der Bühne stehen die größten Namen der Film- und Musikwelt.

pulainfo.hr

SCHLAFEN

Zwischen Portorož und Piran erstreckt sich die Ferienanlage St. Bernardin, zu der auch das kürzlich renovierte **Hotel Histrion** (GPS 45.514874, 13.572518) gehört. Laut Betreiber ist es das größte Hotel an der slowenischen Küste und bietet modern ausgestattete Zimmer zu moderaten Preisen. Kostenlose Parkplätze.

hoteli-bernardin.si/de

Spektakulär klebt das **Design Hotel Navis** (GPS 45.355809, 14.326814) auf einem schmalen Küstenstreifen oberhalb von Opatija direkt über der Adria. Im Restaurant wird ein außergewöhnliches Gourmet-Erlebnis geboten. Eigene Parkplätze stehen kostenlos zur Verfügung.

hotel-navis.hr/de/

Das **Botel Marina** ist als Schiffshotel (GPS 45.326608, 14.439156) die derzeit wohl originellste Unterkunft an der Adria und liegt im Altstadthafen von Rijeka fest vor Anker. Es verfügt über 35 Zimmer und ein eigenes Restaurant. Privater Parkplatz gegen Gebühr.

botel-marina.com/de

SCHLEMMEN

Wer in die Welt der Trüffel eintauchen möchte, ist im **Restaurant Zigante** (GPS 45.354910, 13.829329) genau richtig. Inhaber ist Istriens Trüffelkönig Giancarlo Zigante, der sich in Livade ein kleines Imperium aufgebaut hat.

restaurantzigante.com

Die Privatbrauerei **San Servolo** (GPS 45.423639, 13.676450) bietet neben dem Brauhaus, dem Wirtshaus-Pub mit Spezialitäten wie Trüffelbier und Dry-Aged-Steak in einem 4-Sterne-Hotel auch einen Wellnessbereich mit entspannendem „Bier-Spa".

sanservoloresort.com

Hinter historischer Fassade unterhalb der Kirche St. Euphemia in Rovinj präsentiert sich das **Cave Lab by Monte** (GPS 45.082214, 13.631796) als Minirestaurant mit nur fünf Tischen. Es werden 6-Gänge-Menüs serviert. Unbedingt reservieren! **monte.hr**

Zwei gigantische Brückenbögen spannen über die Kvarner Bucht zur Insel Krk.

Über die Brücken

Von der Kvarner Bucht aus auf die Inseln Krk, Cres und Lošinj zu fahren – das benötigt gar nicht mal so viel Zeit.

Die Brücke, die Krk schon seit dem Jahr 1980 mit dem Festland verbindet, ist der Beginn einer Fahrt über die facettenreichen Archipele in der Kvarner Bucht und die Befahrung ist seit 2020 mautfrei. Die Einfahrt beginnt kurz hinter Kraljevica und ist bereits ab Rijeka gut ausgeschildert. Genau genommen handelt es sich um zwei einzelne Brücken, die nur durch die Felseninsel Sveti Marko getrennt sind. Mit einer Gesamtlänge von 1450 Metern gehört diese konstruktion zu den längsten, gespannten Stahlbetonbogen-Brücken der Welt.

Gemütliches Cruisen

Nach der Ankunft auf Krk und den ersten asphaltierten Kilometern gilt es, den östlichen Teil der Insel zu erkunden, denn die Straße hinunter zum Badeort Baška ist wie geschaffen für gemütliches Cruisen. Eng und kurvenreich führt sie durch ein bewaldetes Tal in die geschützte Bucht des Touristenstädtchens.

Knapp 17 000 Menschen leben in den 68 Ortschaften der Insel Krk, deren Zentrum die gleichnamige Stadt bildet. Ein Bummel lohnt durch den 2 000 Jahre alten, von einer Stadtmauer umgebenen Kern. Krk ist genau wie die westlich gelegene Nachbarinsel Cres exakt 405,78 Quadratkilometer groß. Damit teilen sich beide den Status der jeweils größten Insel Kroatiens. Eine knappe halbe Stunde dauert die Überfahrt mit der Fähre von Valbiska nach Merag.

Fahrvergnügen kommt auf den Inseln nicht zu kurz.

Höhepunkt Lubenice

Cres zeichnet sich vor allem durch den abrupten Wechsel zwischen Küste und den steil aufragenden Bergen aus. Der Höhepunkt ist der Ausflug nach Lubenice. Das heute nur noch knapp 40 Einwohner zählende Dorf wurde vor rund 2 000 Jahren von den Römern auf einem 378 Meter hohen Felssporn erbaut. Die Auffahrt erfolgt über eine abenteuerliche, weil schmale und steile Straße. Oben angekommen gleicht

Das Bergdorf Lubenice auf Cres ist nur über eine enge Straße erreichbar.

Die Drehbrücke von Osor verbindet Cres mit Lošinj.

der Besuch einer ausgedehnten Tour in die Vergangenheit.

Einladende Bucht

Bei einem Spaziergang durch die nur zwei vorhandenen Gassen erwartet man förmlich, in eine mittelalterliche Szenerie zu geraten. Man betritt den Ort durch ein gemauertes Eingangstor und kommt an alten Steinhäusern mit schönen Gewölben, aber auch an gleich zwei winzigen Kirchen vorbei. Beeindruckend ist der Blick von der alten Wehrmauer auf die fast senkrecht darunter liegende, einladende Bucht. Ein schmaler Pfad führt hinunter, doch sollte man für den Spaziergang mindestens 45 Minuten einplanen.

Auf der einzigen Magistrala von Cres (der Hauptstraße 100) geht es weiter nach Süden, bevor man im kleinen Ort Osor wieder auf eine Brücke trifft. Hier befindet sich über dem Kavada-Kanal, der Cres von Lošinj trennt, eine kleine stählerne Drehbrücke, die seit Jahrzehnten eine wichtige Verbindung zwischen den beiden Inseln darstellt.

Der Brückenwärter kurbelt

Täglich morgens um 9 Uhr und nachmittags um 17 Uhr bietet sich hier ein ganz besonderes Schauspiel: Mit einer großen Kurbel dreht ein Brückenwärter die Brücke langsam in Richtung Kanal und gibt damit die Fahrrinne für Segel- und Motorboote frei. Der Fachmann gibt Zeichen, in welche Richtung der rund zwölf Meter breite Kanal zuerst durchquert werden darf, denn das Nebeneinanderfahren ist hier verboten.

Osor erhielt bereits in der Antike Stadtrechte und war bis ins 14. Jahrhundert nicht nur Bischofssitz, sondern auch Hauptstadt beider Inseln. Damit ist es nicht nur die älteste, sondern auch die historisch bedeutendste Siedlung auf Cres und Lošinj. Zeugen dieser Zeit sind die ehemalige

Kathedrale mit ihrem Glockenturm, das Rathaus, in dem sich heute das Stadtmuseum befindet, sowie die Ruinen des Bischofspalastes.

An der Ostküste der rund 75 Quadratkilometer großen und sehr langgestreckten Insel Lošinj erhebt sich der Gipfel des Televrin im Osoršćica-Massiv mit 588 Metern als höchster Berg über das Meer. Am Fuße des felsigen Gipfels liegt das malerische Dorf Nerezine.

Am Fuße des felsigen Gipfels liegt das malerische Dorf Nerezine.

Mali Lošinj hat sich mit seiner Lage in der geschützten Bucht von Augustus im Laufe der Jahrhunderte von einem kleinen Dorf zu einem heute sehr beliebten Urlaubsort entwickelt. Es bildet denn auch den perfekten Abschluss dieser Etappe.

Für den Rückweg gibt es mehrere Möglichkeiten. Man kann einfach den gleichen Weg zurück zur Jadranska Magistrala nutzen. Auf einer Rundreise gibt es für die Rückkehr nach Rijeka eine Fährverbindung von Porozina auf Cres nach Brestova an Istriens Küste. Man kann sich aber auch mit der Autofähre von Mali Lošinj in mehreren Stunden direkt nach Zadar schippern lassen. Dann verpasst man allerdings einen Traumabschnitt auf der kroatischen Küstenstraße, wie er in Etappe 2 beschrieben wird. ◂

Der trubelige Hafen von Mali Lošinj bildet das südliche Ende dieses Abstechers.

Rijeka
Optaija
Lovran
Bakar
Kraljevica
Lokve
Fužine
HR
Hreljin Ogulin
Omišalj
Crikvenica
Njivice
Šilo
Novi Vinodolski
Drežnica
Klenovica
Kras
Vrbnik
Krk
Kornić
Zagore
Brestova
Porozina
Cres
Labin
D104
D100
Vodice
Merag
D101
Draga Baščanska
Baška
Senj
Brinj
Sveti Juraj
Kompolje
Lubenice
Lopar
Martinscica
Hrasta
Belej
Ustrine
Rab
Nationalpark Nördlicher Velebit
D405
Stinica
Osor
Nerezine
Lošinj
Unije
Novalja
D106
Veli Lošinj
Mali Lošinj
Susak
D130
Ilovik
Kolan
Pag
Karlobag
D8
D3
D42
A6
A1
D23
0
7,5 km

TOURDAUER

ca. 5 Stunden (reine Fahrtzeit)
1 - 2 Tage (mit Besichtigungen)

STRECKENLÄNGE

ca. 185 Kilometer

ROADBOOK

Kraljevica, Krk-Brücke, Baška, Krk, Lubenice, Osor, Kavada-Kanal, Nerezine, Mali Lošinj.

INFO

krk.hr/de • visitcres.hr • visitlosinj.hr/de

CHARAKTERISTIK

Bei diesem Inselhopping in der kroatischen Kvarner-Region ist vor allem Cruisen angesagt. Fahrtechnisch anspruchsvoll ist allenfalls die Auffahrt nach Lubenice. Außerdem gilt es, die Fährzeiten im Auge zu behalten. Die Brücke nach Krk ist mittlerweile – wie alle Brücken in Kroatien – mautfrei.

SCHAUEN

Ein Höhepunkt auf Cres ist der Ausflug nach **Lubenice** (GPS 44.885941, 14.333242). Das heute nur noch knapp 40 Einwohner zählende Dorf wurde vor rund 2 000 Jahren von den Römern auf einem 378 Meter hohen Felssporn erbaut. Die Auffahrt erfolgt über eine abenteuerliche, weil schmale und steile Straße. Oben angekommen gleicht der Besuch einer ausgedehnten Tour in die Vergangenheit.

Ein Naturphänomen auf Cres ist der Süßwassersee **Vransko Jezero** im Inselinneren (GPS 44.847593, 14.4102). Sein Wasserspiegel liegt höher als der des Meeres, aber der Seeboden befindet sich 74 Meter unter der Meeresoberfläche. Der See versorgt die Insel mit Trinkwasser. Schwimmen ist daher verboten.

Auf dem Hochplateau **Tramontana** befindet sich eine der letzten Kolonien von Mönchs- und Gänsegeiern in Kroatien. Rund 100 Paare leben hier in der Auffangstation (GPS 45.114361,14.351230). Ein Museum erklärt anschaulich die Lebensweise der Tiere.

belivisitorcentre.eu

SCHLAFEN

Unweit der Geierauffangsation befindet sich die **Pension Tramontana** mit hauseigenem Restaurant (GPS 45.114507, 14.350712). Sie bietet zwölf hübsch eingereichtete Zimmer.

beli-tramontana.com/de/

Direkt am Hafen von Nerezine auf der Insel Losinj gelegen, bietet das **Hotel Televrin** (GPS 44.65940, 14.39777) 13 Zimmer und 2 Appartements. Im hauseigenen Restaurant lässt es sich zudem köstlich speisen. **televrin.com**

Im Herzen von Krks Altstadt residiert man im **Boutique Hotel Placa** in einem historischen Gebäude (GPS 45.025937, 14.574189). Es bietet stilvoll eingerichtete Zimmer und einen fußläufig erreichbaren, gesicherten Parkplatz. **hotel-placa.com**

SCHLEMMEN

Das **Restaurant Rivica** ist eine Institution auf Krk (GPS 45.164906, 14.542271). Schon seit 1934 offeriert es am Hafen des kleinen Ortes Nijivice fangfrischen Fisch und Meeresfrüchte. **rivica.hr**

Traditionelle Gerichte bietet mittags uns abends die **Konoba Hibernicia** im Dorf Lubenice auf Cres. (GPS 44.888222, 14.331486). Es ist nur Barzahlung möglich.

Karst und Küste

Auf diesem Abschnitt der Jadranska Magistrala, der von der Kvarner Bucht nach Mitteldalmatien führt, gibt es einige sehr schöne Küstenorte, die einen Besuch lohnen. Der eigentliche Star ist hier jedoch die Straße selbst.

Als wäre der Blick aufs einladende Meer noch nicht genug, verzückt die Magistrala auf der Etappe nach Zadar auch noch mit kunstvoll angelegten Kurven.

Am Yachthafen von Rijeka führt die Jadranska Magistrala als Promenade entlang.

Fluss bedeutet ihr Name, und seit der Antike ist viel Wasser an ihren Mauern vorbeigeflossen. Die Rede ist natürlich von Rijeka, der drittgrößten Stadt Kroatiens. Trotz ihrer Hektik als wichtigste Hafenstadt des Landes hat sie schöne Ecken und verbirgt in ihren historischen Mauern so manchen Kulturschatz. Das lohnt es zu besichtigen, bevor man sich aufmacht, die Jadranska Magistrala weiter zu erkunden.

Bereits in prähistorischer Zeit verbanden die Kelten an diesem günstigen Siedlungsplatz – zwischen der Mündung des Flüsschens Rječina und der Küste des Kvarner – fünf Hügel mit einem Festungswall. Doch unter dem historischen Mantel pulsiert in Rijeka das moderne Leben. Zwischen der Kathedrale Sveti Vid, dem römischen Portal Rimski Luk, dem Stadtturm sowie der k.u.k. Marineakademie lässt es sich gut flanieren und shoppen. Wer nach einem Ausflug zur Festung Trsat eine Abkühlung braucht, dem seien die Strände der Stadt empfohlen, auch wenn sie etwas ungewöhnlich sind: Man liegt auf Kies oder Beton und schaut auf die Hafenkräne.

Die Adria heißt hier Jadran

Zurück auf der Küstenstraße eröffnen sich mit dem Schlenker um die Bucht von Bakar herum dann zaghaft die ersten grandiosen Ausblicke auf die Berge und das herrlich blaue Meer – den Jadran wie die Adria hier genannt wird. Derlei Panoramen werden sich im weiteren Verlauf der Magistrala noch häufen. Wie an einer Perlenschnur reihen sich Badestrände und historische Örtchen auf dem Weg nach Süden aneinander.

Die Burg Trsat ist ein beliebtes Ausflugsziel.

Zum Kurort ausgebaut

Etwa 40 Kilometer südlich von Rijeka stößt man auf Crikvenica an der gleichnamigen Riviera. Vor mehr als 125 Jahren galt es als einer der beliebtesten Kurorte der österreichisch-ungarischen Monarchie. Die Anfänge waren recht kurios: Weil er sich mit seinem Bruder, dem Kaiser, überworfen hatte und deshalb nicht ins angesagte Seebad Abbazia (dem heutigen Opatija) wollte, ließ Erzherzog Josef den kleinen Hafenort Crikvenica, rund 45 Kilometer entfernt, einfach zum Kurort ausbauen. 1888 wurde das erste Strandbad eröffnet, bald flanierten Bade- und Kurgäste aus ganz Europa an der einst verträumten

Crikvenica wurde Ende des 19. Jahrhunderts zum angesagten Bade- und Kurort.

Ab jetzt wird es spaßig auf der Jadranska Magistrala.

Fischerküste, die sich nun als prächtige Riviera präsentierte. Noch heute ist Crikvenica mit seinen Stränden nicht nur ein beliebtes Urlaubsziel für Familien, sondern auch ein Kurort speziell für Menschen mit Atemwegserkrankungen.

An der Riviera von Crikvenica zieht sich vom Strand Slana in Selce bis zum Kap Kačjak in Dramalj fast durchgehend eine Promenade am Meer entlang, die zu ausgedehnten Spaziergängen einlädt. Dabei liegt auch Historisches am Wegesrand. Das illyrische und antike Erbe ist ebenso präsent wie jenes der Austria-Monarchie. Lange Zeit herrschte hier auch das kroatische Adelsgeschlecht der Frankopanen, das 1412 ein Kloster errichten ließ, in dem sich heute das Hotel Kaštel befindet.

Im neuen Weintal

Historisch weit zurück blickt auch die Stadt Novi Vinodolski mit der gleichnamigen, 20 Kilometer langen Küste, auf die man eine Viertelstunde später trifft. Den Namen verdankt sie dem Weinbau in der Gegend (vinodol heißt auf Deutsch Weintal). Vom ersten Eindruck sollte man sich nicht abschrecken lassen, obwohl sich die Hauptstraße wenig einladend präsentiert. Besser ist es sein Fahrzeug abzustellen und sich zu Fuß auf den Weg in Richtung Altstadt, die hier Oberstadt genannt wird, zu machen. Tatsächlich muss man einen recht steilen Berg erklimmen. Am Kirchplatz eröffnet sich bei einer Pause der Panorama-Ausblick auf die Kvarner Bucht und die Insel Krk.

Küstenstädtchen Senj

Die nächste Station an der Küstenstraße ist Senj. Das hübsche Küstenstädtchen ist rund 3 000 Jahre alt und damit die älteste Stadt in der Kvarner Bucht. Sie ist ein guter Ausgangspunkt für Wanderungen, da sie direkt an der Grenze zu den Gebirgen

Velebit und Kapela liegt, wo es gut ausgebaute Wanderwege gibt. Wer dafür weder Zeit noch Muße hat, kann zumindest einen Ausflug zur Burg Nehaj unternehmen. Es handelt sich dabei um eine Festung aus dem Jahr 1558, für deren Bau die Überreste zerstörter Kirchen und Klöster aus der Umgebung verwendet wurden.

Nicht die Küstenorte begeistern, sondern die Magistrala selbst.

Auf den folgenden Kilometern sind es nicht die Küstenorte, die begeistern, sondern die Straße selbst. In schönen Kurven lässt sie sich hier zügig fahren, und auch der Blick auf das Meer verändert sich. Zeichnen sich zunächst noch die Umrisse der Insel Krk am Horizont über dem Blau der Adria ab, sind es später die der Insel Prvić und die von Goli Otok. Die „nackte Insel" diente zwischen 1948 und 1988, also zu Zeiten Jugoslawiens, als Umerziehungslager für politische Gefangene. Sie war die Gefängnisinsel für männliche Dissidenten, die Nachbarinsel Sveti Grgur für weibliche. Ähnlich wie Alcatraz in den USA sind beide Gefängnisinseln heutzutage unbewohnt, können aber besichtigt werden.

Allerdings nicht mit dem Fahrzeug, es sei denn, man steuert ein Boot. Aber vom Badeort Lopar auf Rab, der nächsten größeren Insel,

Die Burg Nehaj, eine Festung aus dem 16. Jahrhundert, thront über Senj.

Auch auf Rab lockt die Adria mancherorts zu einem erfrischenden Sprung ins Wasser.

die man etwas weiter südlich auf der Jadranska Magistrale rechter Hand sieht, werden Bootstouren zu diesen Inseln angeboten. Ein Grund mehr, über einen Abstecher nach Rab, der südlichsten Insel der Kvarner Bucht, nachzudenken.

Durch den Velebit-Kanal vom Festland getrennt, bildet das unscheinbare Eiland eine Art unsichtbare Grenze zwischen nördlicher und mittlerer Adria. Es markiert damit wo Dalmatien beginnt und Kontinentaleuropa auf das Mittelmeer trifft. Zwischen dem Küstenort Jablanac und Misnjak im Süden der Insel verkehrt mehrmals täglich eine Autofähre. Die Überfahrt dauert nur etwa 15 Minuten.

Die gleichnamige, von einer Stadtmauer umgebene Inselhauptstadt ist eine der schönsten im Adriaraum: Sie schiebt sich auf einer Landzunge ins Meer und wirkt mit ihren vier alles überragenden Glockentürmen fast wie ein Segelschiff. Im stilvollen Ambiente von Kathedrale und Kirchen finden zahlreiche klassische Konzerte statt, und die beleuchtete Promenade präsentiert sich in den Sommernächten stimmungsvoll.

Pastellfarbenes Karlobag

Es empfiehlt sich, gut ausgeruht nach Jablanac und damit zur Küstenstraße zurückzukehren, denn schon beim Anblick der pastellfarbenen Altstadthäuser von Karlobag, die eine kleine Halbinsel säumen, kann man sich freuen: Die folgenden Kilometer Küstenstraße markieren einen der, wenn nicht sogar den schönsten Abschnitt der gesamten Jadranska Magistrala.

Die tiefblaue Adria verleitet zu häufigen Pausen.

Entvölkerte Landstriche

Die Gründe dafür sind einleuchtend. Dieses norddalmatinische Teilstück zwischen Karlobag und Starigrad weist nur wenige nennenswerte Ortschaften auf. Fast entvölkerte Landstriche sind zu sehen, was den positiven Nebeneffekt hat, dass auf diesem Abschnitt der Magistrala selbst in der Hochsaison nur wenig Verkehr herrscht. Auch dies macht die Fahrt entlang dieser Strecke zu einem unvergesslichen Erlebnis.

Der Favorit des Autorenteams ist dieser rund 30 Kilometer lange Abschnitt aber vor allem deshalb, weil er ganz intensive Eindrücke vermittelt. Die Nähe von Bergen und Meer lässt sich so eindrücklich wie

Unterwegs auf einem der schönsten Abschnitte der Magistrala.

Bei Karlobag mit der Insel Pag im Hintergrund.

nirgendwo sonst spüren. Wer nach Süden fährt, hat immer das mächtige Velebit-Gebirge zur Linken und das kristallklare Meer zur Rechten. Die Küste ist extrem kahl, kilometerweit nur nacktes Karstgestein. Es ist faszinierend zu sehen, wie sich das Gebirge langsam verändert und immer grüner wird, je näher man Starigrad und damit dem Nationalpark Paklenica kommt.

Rechts also schimmert das Blau der Adria. Dort gibt es noch einen weiteren optisch eher kargen Landstrich, der einen auf dem Weg von Nord- nach Mitteldalmatien begleitet: Es handelt sich um die knapp 60 Kilometer lange Insel Pag, die sich deutlich von den grünen Inseln der Adria unterscheidet und unbedingt einen Besuch wert ist (siehe Abstecher 2, ab S. 38). Pag ist zudem eine schöne Alternative für die Rückreise.

Idyllische Bucht

Der Velebit-Kanal bildet zwischen Pag und Festland eine Bucht, die in Rovanjska ihr malerisches Ende findet. Auch die Fahrt dorthin ist ein Genuss, und der Ort selbst ist glücklicherweise – noch – touristisch so gut wie unerschlossen. Die Bucht davor präsentiert sich mehr als idyllisch mit Blick auf das Velebit-Gebirge.

Hotels gibt es keine, dafür aber einige Ferienhäuser und Appartements von Einheimischen, die meist sehr gut Deutsch sprechen. Wer

AUTOREN-TIPP

Im **Nationalpark Paklenica** kann man unter anderem auf den Spuren von Winnetou wandern. Die Drehorte der Karl-May-Filme sind ausgeschildert. Es gibt zwei offizielle Eingänge (GPS 44.294079, 15.457544 • GPS 44.283081, 15.492814). Da einige Attraktionen wie die Tropfsteinhöhle „Manita Pec“ nur im Rahmen einer Führung besichtigt werden können, empfiehlt sich frühzeitig eine entsprechende Reservierung.

np-paklenica.hr/de

Zeit und Muße hat, kann hier einen schönen Nachmittag am Strand verbringen. Die Bucht, die man auch in der Hochsaison meist fast für sich alleine hat, eignet sich hervorragend zum Schwimmen, Schnorcheln oder einfach nur zum Sonnenbaden.

Über die nun im Land verlaufende Magistrala ist bald schon Zadar erreicht, dessen Schönheit oft unterschätzt wird, obwohl es einen ganz besonderen Charme ausstrahlt. Das haben in den letzten zwei Jahrtausenden viele erfahren. Nach den Illyrern kamen die Römer, bauten ein Kapitol, Befestigungsanlagen, Thermen und ein Aquädukt. Vieles hat die Zeit überdauert.

Die Römer bauten ein Kapitol, Befestigungsanlagen und Thermen.

Am eindrucksvollsten ist der zentrale Platz der – wieder einmal – auf einer Landzunge gelegenen Altstadt: das Forum. Das Kommen und Gehen der herrschenden Kasten im Adriaraum ging natürlich auch an Zadar nicht spurlos vorüber. Immer wieder wurde die günstig gelegene Hafenstadt Hauptstadt von irgendetwas.

Das 20. Jahrhundert brachte Zadar vor allem Zerstörung. Im Zweiten Weltkrieg fielen Bomben auf die Hafenanlagen. Und auch im jugoslawischen Bürgerkrieg hatte die Bevölkerung zu leiden. Zeitweise war das Zentrum von der Versorgung über Land abgeschnitten und nur über den Seeweg erreichbar. ►

Ab der Maslenica-Brücke führt die Magistrala ein Stück durchs Inland nach Zadar.

Das römische Forum mit der Kirche Sveti Donat bildet das Herz der Altstadt von Zadar.

Doch das ist Vergangenheit. Zadar hat sich aufgerappelt, herausgeputzt, was an Pracht und Geschichte übrig geblieben ist, und ist zu neuen Ufern aufgebrochen. Es gibt viel zu entdecken, ein längerer Aufenthalt lohnt. Leider gibt es nur wenige zentral gelegene Hotels, so dass man sich besser nach einer Privatunterkunft umsieht.

Allein die Kirchen sind einen Besuch wert. Gleich neben dem Forum steht Sveti Donat. Der charakteristische Rundbau aus dem frühen neunten Jahrhundert ist zu einem Wahrzeichen der Stadt geworden. Gleich daneben erhebt sich die Kathedrale der Heiligen Anastasia aus dem 12. Jahrhundert. Zwei Klöster umgeben das römische Forum. Fast endlos könnte man sich an weiteren christlichen Baudenkmälern ergötzen, hätte Zadar nicht noch so viel mehr zu bieten.

Am Ufer zur Meeresorgel

Erstbesucher sollten die Altstadt kreuz und quer durchstreifen, der Stadtmauer entlang des Fährhafens folgen und die Porta Terraferma, das schönste Stadttor, besichtigen. Hier ist auch der landseitige Zugang zur Uferpromenade, die zur Meeresorgel führt.

Diese wurde 2005 nach einem Entwurf des Architekten Nikola Bašić errichtet. Unter mehreren Stufenreihen, die sich rund 70 Meter am

Wasser entlang ziehen, sind insgesamt 35 Röhren eingelassen – in unterschiedlicher Länge, Breite und Neigung. Während die Wellen sie umspülen, entweicht die Luft durch Pfeifen, die fünf verschiedene Töne in sieben Akkorden intonieren. Über Auslässe oberhalb der Treppenstufen gelangen die Töne in die Umgebung und bilden ein sich ständig veränderndes Naturkonzert.

Der Gruß an die Sonne ist ein fröhliches Lichtspiel.

Eindrucksvoll in Szene gesetzt wird dieses Spektakel in der Abenddämmerung. Dann versammeln sich stets einige hundert Menschen zum „Sundowner", um das ebenfalls von Bašić geschaffene Lichtspiel „Gruß an die Sonne" zu genießen. In einem Kreis von 22 Metern Durchmesser sind 300 Glasplatten eingelassen, deren Beleuchtung vom Rhythmus der Wellen und den Klängen der Meeresorgel gesteuert wird. So entsteht ein weltweit einzigartiger Dreiklang aus Tönen, Kunst- und Naturlicht. Ein mehr als schöner Abschluss der zweiten Etappe der Jadranska Magistrala! ◀

An der Meeresorgel von Zadar trifft man sich gerne zum Sonnenuntergang.

Rijeka
Optaija
Lovran
D8
Bakar
Fužine
Vrbovsko
Kraljevica
Ogulin
Omišalj
Crikvenica
Njivice
Novi Vinodolski
Šilo
Krk
Porozina
D104
D1
D23
Drežnica
Slunj
Plaški
HR
Vrbnik
D102
D8
Križpolje
D100
Krk
Senj
Brinje
Cres
D101
Baška
Klenovica
Plitvička Jezera
Cres
Lopar
Otočac
D52
Nationalpark Plitvicer Seen
Rab
Donja Klada
Rab
Nationalpark Nördlicher Velebit
Homolja
D105
Jablanac
D50
D25
Nerezine
Lošinj
Prizna
Novalja
Mali Lošinj
Karlobag
Gospić
Veli Lošinj
D106
D130
Kolan
D52
Ilovik
Pag
Drenovac Radučki
Pag
Nationalpark Paklenica
Silba
D547
Starigrad
Vir
Privlaka
A1
Nin
Obrovac
Petrčane
Posedarje
D109
Ugljan
Zadar
0 5 10 km

TOURDAUER

ca. 5 Stunden (reine Fahrtzeit)
1 - 2 Tage (mit Besichtigungen)

STRECKENLÄNGE

ca. 220 Kilometer

ROADBOOK

Rijeka, Bakar, Crikvenica, Novi Vinodolski, Senj, Donja Klada, Jablanac, Prizna, Karlobag, Starigrad, Posedarje, Zadar.

INFO

zadar.hr/de

CHARAKTERISTIK

Wer diese Etappe von Norden nach Süden befährt, hat zur Rechten stets die blaue Adria und zur Linken zunächst noch üppige, im weiteren Verlauf immer kargere Landschaft im Blick. Der wohl schönste Abschnitt verläuft auf den gut 65 kurvenreichen Kilometern zwischen Karlobag (GPS 44.52917, 15.07228) und der Maslenica-Brücke (GPS 44.22431, 15.53039).

SCHAUEN

Outdoor-Enthusiasten finden die Nationalparks **Nördlicher Velebit** (GPS 44.820092, 15.062104) und **Paklenica** (GPS 44.293644, 15.457510) abseits der Magistrala.

Die Stadt **Zadar** hat so manche Attraktion zu bieten. Besonders spektakulär ist die **Meeresorgel** (GPS 44.117042, 15.219999). Unterhalb einiger Reihen von Treppenstufen, die sich rund 70 Meter am Wasser entlangziehen, sind Rohre eingelassen. Während sie vom Seegang durchspült werden, entweicht die Luft durch 35 Orgelpfeifen. Ein stets wechselndes Naturkonzert. Eindrucksvoll setzt sich dieses Schauspiel in der Abenddämmerung beim **Gruß an die Sonne** fort. Für das Lichtspiel sind in einem Kreis mit 22 Metern Durchmesser 300 Glasplatten eingelassen, deren Beleuchtung vom Rhythmus der Wellen und den Klängen der Meeresorgel gesteuert werden. So ergibt sich ein hinreißender Dreiklang aus Tönen, Kunst und Naturlicht.

SCHLAFEN

Das **Novi Spa Hotels & Resort** in Novi Vinodolski (GPS 45.12525, 14.79314) bietet große Zimmer und die wahrscheinlich schönste Hotellobby Norddalmatiens mit Traumblick auf die Kvarner Bucht.

www.novi.hr

Das familiär geführte **Hotel Vicko** in Starigrad-Paklenica liegt zwischen Nationalpark und Meer (GPS 44.297239, 15.436362) bietet liebevoll eingerichtete Zimmer, einen privaten Parkplatz, üppiges Frühstück und auf Wunsch à la carte im hauseigenen Restaurant.

hotel-vicko.hr/de

Das entzückende **Almayer Art & Heritage Hotel** (GPS 44.117455, 15.222263) im Herzen der Altstadt von Zadar ist klein, aber fein. Es bietet nur neun Zimmer, dafür aber ein feines hauseigenes Restaurant. Parkplätze sind vorhanden, müssen aber unbedingt vorab reserviert werden.

almayer.hr

SCHLEMMEN

Phantasievoll zusammengestellte und äußerst schmackhafte Gerichte zu moderaten Preisen genießt man im **Restoran Kornat** in Zadar (GPS 44.118528, 15.222868). Es befindet sich zwischen Altstadt und Fährhafen. Wer auf der verglasten Terrasse speisen möchte, sollte vorab reservieren.

restaurant-kornat.hr

Fahrspaß pur

Die kargen, aber keineswegs langweiligen Landschaften der Insel Pag und des Velebit-Gebirges prägen diese Tour. Man darf sich auf Salz, Schlamm, Winnetou, Schotter und gleich zwei Binnenmeere einstellen.

Über diese Brücke geht es auf die karge Insel Pag.

Fürst Branimir weist den Weg in die Altstadt von Nin.

Bei diesem Abstecher in den Norden Dalmatiens fährt man vom Ausgangsort Zadar zunächst etwa 15 Kilometer in nördlicher Richtung nach Nin. Die Altstadt liegt in einer Lagune auf einer durch einen künstlichen Kanal geschaffenen kleinen Insel, die durch zwei Steinbrücken mit dem Festland verbunden ist. Der Zugang erfolgt durch eines der beiden Stadttore.

Empfehlenswert ist das untere im Südwesten, da dort ausreichend Parkplätze zur Verfügung stehen. Begrüßt wird man von der vier Meter hohen Statue des Fürsten Branimir. Er herrschte von 879 bis 892 über das Herzogtum Kroatien, auch bekannt als Dalmatien. Wegen seiner Bedeutung als erster Regierungssitz des Landes wird Nin auch als Wiege Kroatiens bezeichnet.

Eine Kirche als Sonnenuhr

Branimirova Ulica heißt auch die Hauptstraße, in der man wegen der vielen Geschäfte und Straßencafés lange flanieren kann. An ihrem Ende steht die im 9. Jahrhundert erbaute Kirche Sveti Križ. Mit einer Länge, Breite und Höhe von etwa acht Metern gilt sie als die kleinste Kathedrale der Welt.

Von außen ist das Bauwerk gut erhalten, im Inneren ist leider keine Ausstattung mehr vorhanden. Spannend ist, dass die Kirche durch die einzigartige Konstruktion der gebo-

AUTOREN-TIPP

Auf der Insel Pag leben etwas mehr als 8 000 Einwohner, aber Tausende von Schafen. Diese sind unentbehrlich für die Herstellung des berühmten Pager Käses. Der größte Produzent ist **Gligora** (GPS 44.499825, 14.956673) in der Ortschaft Kolan. Ein Besuch inklusive Besichtigung der Molkerei und Käseproduktion lohnt sich, vor allem in Verbindung mit einer Verkostung sowie dem direkten Kauf der Leckereien.

gligora.com

genen Wände und den damit verbundenen Lichteinfall auch als Sonnenuhr dient. Direkt daneben befinden sich die Überreste eines der größten römischen Tempel in Kroatien.

Das obere Stadttor im Osten der Insel verbindet die Altstadt mit der Straße zu den Salzfeldern und dem Salzmuseum. Schon auf dem Weg dorthin fallen die einladenden Sandlagunen auf, die bei einem Badeurlaub in Kroatien eine willkommene Abwechslung zur sonst felsigen Küste bieten. Der schönste Strand ist der etwa drei Kilometer lange Kraljičina plaža (Königinnenstrand). Vor Ort braucht man übrigens keine Angst vor Leuten zu haben, die mit Schlamm beschmiert sind. Die machen das extra. Dem Schlamm von Nin, das gleich hinter dem Strand aus der seichten Bucht entspringt, wurde schon in der Römerzeit eine heilende Wirkung zugeschrieben.

Der schönste Strand ist der etwa drei Kilometer lange Kraljičina plaža.

Um Hautprobleme, aber auch Rheuma oder Arthrose zu lindern, schmiert man sich mit dem schwarzen Schlamm ein, lässt ihn an der Luft trocknen, reibt ihn als Peeling mit der Hand ab und geht anschließend schwimmen oder duschen.

Von Nin aus wäre die Insel Vir leicht zu erreichen, aber auf diesem

Im Salzmuseum von Nin lässt sich viel über das weiße Gold des Mittelalters lernen.

Der Blick vom Komorovac auf die Inselhauptstadt Pag. Am Festland erhebt sich der Velebit.

Abstecher ist der nördliche Nachbar Pag das nächste Ziel. Über eine Brücke erreicht man die gleichnamige Hauptstadt der fast 60 Kilometer langen Insel. Nach einem kleinen Spaziergang durch die engen Gassen geht es auf den 189 Meter „hohen" Berg Komorovac. Die Fahrt lohnt sich schon wegen der feinen Serpentinen. Außerdem hat man von hier oben einen traumhaften Blick über die ganze Insel und natürlich auch aufs Festland. Besonders auffällig sind die großen schachbrettartigen Flächen. Sie gehören zur „Solana Pag", einer der größten Salzgewinnungsanlagen Kroatiens.

Insgesamt präsentiert sich die Landschaft von Pag karg. Olivenbäume auf steinigem Boden prägen das Bild. Der Begriff „Mondlandschaft" ist abgenutzt, beschreibt die fünftgrößte Adriainsel aber immer noch am besten. Nicht wenige sind davon überzeugt, dass es sich bei diesem Aussichtspunkt um eine UFO-Landefläche handeln muss.

Der berühmte Pager Käse

Nur wenige Autominuten weiter, direkt an der Hauptstraße, liegt das Besucherzentrum der Käserei Gligora. Der Pager Käse Paški Sir wird hauptsächlich aus der Milch der rund 28 000 freilaufenden Schafe hergestellt. Da diese auf dem karstigen Untergrund nur wenig Gras, dafür aber umso mehr Salzkräuter finden, ist das Endprodukt entsprechend aromatisch. Auch viele Kleinerzeuger bieten ihre Ware am Straßenrand an.

Trotz ihres unwirtlichen Aussehens ist Pag ein beliebtes Reiseziel. Allerdings sind es weniger die Individualisten, die man in einer solchen Landschaft erwarten würde, als vielmehr vergnügungssüchtige Partyurlauber, die hier ihre Szene etabliert haben. Novalja, oder besser der etwa zwei Kilometer entfernte Strand Zrce, hat sich mit seinen Diskotheken und Beachclubs den Ruf als Ibiza Kroatiens erworben.

Im Norden der Insel setzt man binnen 15 Minuten mit der Fähre von Žigljen nach Prizna über. Damit ist die Jadranska Magistrala wieder erreicht, der man aber schon wenige Kilometer weiter südlich untreu wird, um so ein Stück des Velebit-Gebirges zu erkunden. Dazu biegt man in Karlobag links auf die Bundesstraße 25 ab, die zur Passstraße Oštarijska vrata führt. Sie windet sich kurvenreich in die Höhe und bietet Fahr-

Der Oštarijska vrata ist ein toller Straßenpass.

Hinter dem Velebit liegen Geburtshaus und Gedenkstätte von Nikola Tesla.

Die Strecke über den Mali Alan ist nicht asphaltiert.

spaß pur. Wie von selbst kommt man zum sehenswerten Denkmal Kubus. Hier sollte man kurz anhalten, denn vor der Aussichtsplattform hat man einen grandiosen Panoramablick auf das Meer.

Teslas Geburtsstätte

Die nächsten Kilometer führen gut ausgebaut, aber herrlich kurvenreich durch eine hügelige und bewaldete Landschaft nach Smiljan. Hier wurde 1865 Nikola Tesla geboren. Der Physiker und Elektroingenieur gilt vor allem als Entwickler des Zweiphasen-Wechselstroms. Anlässlich seines 150. Todestages wurde 2006 das Nikola-Tesla-Gedenkmuseum errichtet, das ausführlich in seine für die moderne Wissenschaft bahnbrechenden Ideen einführt.

Winnetous Ende

Bei Sveti Rok befindet sich die Zufahrt zum Pass Mali Alan, der durch echtes Winnetou-Land führt. Wer die Karl-May-Filme gesehen hat, wird einige der markanten Felsen wiedererkennen, darunter ganz sicher auch den Ort, wo der mutige Apachenhäuptling sein tragisches Ende fand. Nicht unerwähnt sollte bleiben, dass auf der Nordrampe etwa auf halber Höhe der Asphalt endet.

Besonders im Frühjahr ist die Abfahrt vom Mali Alan nicht ohne, jedenfalls dann nicht, wenn die erstaunlich viel befahrene Piste wieder einmal ausgebessert wurde. Dazu wird einfach eine dicke Schotterschicht ohne Verdichtung aufgetragen. Motorrädern fehlt es dann schnell an Lenkpräzision, was in manchen Kurven zu einem erhöhten Adrenalinspiegel führt. Mit dem Auto ist die Fahrt weniger herausfordernd. Hinter dem Portal zum Autobahntunnel Sveti Rok hat man wieder Asphalt unter den Rädern.

Vor allem an heißen Tagen lohnt es sich, bei Zaton Obrovački noch ein

Bögelchen gen Osten einzubauen. Das Dorf Muškovci markiert den leicht zu übersehenden Einstieg in den Zrmanja-Canyon, der vom smaragdgrünen Wasser des Flusses durchzogen wird. Mit seinen verschiedenen Seen und Wasserfällen wirkt es wie ein „Mini-Plitvice“, eine kleine Ausgabe der berühmten Wasserfälle in Zentralkroatien. Das Süßwasser ist selbst im Hochsommer kalt, und ein Bad darin bringt die erhoffte Erfrischung.

Obrovac liegt mitten in einer Schlucht des Flusses Zrmanja.

Auf dem gleichen Weg zurück geht es weiter nach Obrovac. Die Stadt liegt mitten in der Schlucht des Flusses Zrmanja, der hier auch eine sehenswerte Schleife in den Fels gegraben hat.

Als nächstes steht die Umrundung des Kariner Meers (Karinsko More), dem „kleinsten Meer der Welt“, an. Es ist ein Binnenmeer, das jedoch über eine schmale Meerenge mit dem Novigrader Meer (Novigradsko More) verbunden ist. Dieses wiederum vereinigt sich an der Meerenge von Maslenica mit der Adria am Velebit-Kanal.

Nördlich von Novigrad, einem sehenswerten kleinen Urlaubsort, trifft man auf die D 8 und biegt nach links ab, um geradewegs nach Zadar zurückzukehren. ◂

Die Wasserfälle des Zrmanja sind wie eine Miniaturausgabe von Plitvice.

Homoljac
D52
Koren
Donji Kosinj
Nationalpark Nördlicher Velebit
Stinica
D50
Perušić
D1
Prizna
Žigljen
Nikola-Tesla-Gedenkmuseum
Smiljan
Cesarica
Novalja
Oštarijska vrata 927 m
Gospić
Udbina
Karlobag
D25
Kolan
Mandre
D522
Pag
HR
Drenovac Radučki
Sveti Rok
Nationalpark Paklenica
Povljana
Pag
Miškovići
Vir
D306
D106
Starigrad
Mali Alan 1.048 m
Vrsi
Ljubač
Privlaka
Nin
Poljica
Posedarje
D54
Obrovac
Zrmanja
Novigradsko More
Petrčane
Novigrad
A1
Pridraga
Gornji Karin
Ugljan
Zadar
Lukoran
D8
D422
Zemunik Gornji
D109
D124
Kali
Bibinje
Ugljan
Veli Iž
Polača
Benkovac
Ždrelac
D56
Pašman
Dugi
0
7,5 km
Biograd na Moru
Sali

TOURDAUER

ca. 7 Stunden (reine Fahrtzeit)
1 - 2 Tage (mit Besichtigungen)

STRECKENLÄNGE

ca. 330 Kilometer

ROADBOOK

Zadar, Nin, Pag-Brücke, Žigljen, Prizna, Karlobag, Pass Oštarijska Vrata, Smiljan, Pass Mali Alan, Zaton Obrovački, Muškovci, Obrovac, Novigrad, Zadar.

INFO

nin.hr/de • tzgpag.hr/de • np-sjeverni-velebit.hr

CHARAKTERISTIK

Der Abstecher führt zunächst auf die Insel Pag. Danach geht es im Velebit-Gebirge auch über zwei Pässe, bevor zum Abschluss die Zrmanja-Schlucht lockt:
Oštarijska vrata (927 m)
Mali Alan (1044 m / teilweise Schotter).

SCHAUEN

Salzliebhaber kommen auf dieser Etappe in Mitteldalmatien auf ihre Kosten. Gleich zwei Salinen sind hier seit Jahrhunderten zu Hause. Die **Solana Pag** (GPS 44.422672, 15.085033) ist mit einer Jahresproduktion von rund 30 000 Tonnen die größte Salzproduktionsstätte Kroatiens. Etwas kleiner ist die **Solana Nin** (GPS 44.243856, 15.192297). Sie bietet ein sehenswertes Museum. Beide betreiben Läden, in denen man verschiedene Salzprodukte direkt vor Ort kaufen kann.
solana-pag.hr • solananin.hr/de

In Smiljan erinnert das **Nikola-Tesla-Gedenkmuseum** (GPS 44.559675, 15.309743) an den Erfinder, Physiker und Elektroingenieur. Zum Areal gehört auch das Geburtshaus mit einer Dauerausstellung. **mcnikolatesla.hr**

SCHLAFEN

Das **Boškinac** auf der Insel Pag (GPS 44.572465, 14.900212) ist Hotel, Restaurant und Weingut in einem. Es liegt nur 15 Autominuten vom Fährhafen Žigljen entfernt.
boskinac.com

Nur wenige Schritte vom Strand entfernt bietet das **Aparthotel Roccia** (GPS 44.188462, 15.546442) in Novigrad schön eingerichtete Zimmer. Im hoteleigenen Restaurant stehen vor allem regionale Gerichte auf der Speisekarte. Kostenlose Parkplätze.
aparthotel-roccia-novigrad.eatbu.hr

Das im Zentrum von Gospić gelegene **Hotel Stara Lika** (GPS 44.546109, 15.375223) bietet

geräumige und komfortabel eingerichtete Zimmer. Das Gebäude wurde vor kurzem renoviert. Im hoteleigenen Restaurant werden kreative Gerichte serviert. Der große Parkplatz ist kostenlos.
hotelstaralika.hr/de

Direkt an den Zrmanja-Wasserfällen lassen sich **Selbstversorger-Bungalows** mieten.
zrmanja-bungalovi.com

SCHLEMMEN

Das **Restaurant Slapovi Zrmanje** (44.197841, 15.768068) liegt direkt an einer wildromantischen Schlucht, die der smaragdgrüne Wildwasserfluss Zrmanja in die Landschaft gegraben hat. Reichhaltige Portionen (Fleisch und Fisch) zu moderaten Preisen werden angeboten. Wer möchte, kann vor oder nach dem Essen ein Bad im kühlen Nass nehmen und unter den verschiedenen kleinen Wasserfällen schwimmen. Außerdem gehört ein einfacher Campingplatz zur Anlage.

Wasserwelten

Auf dieser Etappe begleiten einen viele der 1000 Inseln Kroatiens in der blau schimmernden Adria sowie auf Abwegen auch der größte Süßwassersee und die sieben Wasserfälle des Nationalparks Krka.

Eine imposante Brücke überspannt den Fluss Krka auf dem Weg nach Šibenik.

Vransko Jezero, der Vraner See, und dutzende Inseln sind von Kamenjak aus zu überblicken.

Es ist gar nicht so einfach, sich von Zadar zu trennen, wenn man sich erst einmal in diese Stadt verliebt hat. Doch irgendwann kommt der Moment, an dem man wieder auf die Magistrala zurückkehren möchte. Schließlich warten noch weitere traumhafte Abschnitte entlang dieser Küstenstraße darauf, erkundet zu werden.

Unmittelbar hinter Zadar macht die Jadranska Magistrala wieder einen Knick und führt in schönen, gleichmäßigen Kurven entlang der blauen Adria stetig nach Süden. Wobei: Ausschließlich Blau sieht man auf den folgenden Kilometern nicht, denn das Meer ist – wie fast überall auf der Magistrala – nicht offen, sondern von Inseln durchsetzt. Irgendwo müssen sie ja alle hin, die 1000 Inseln Kroatiens. Das Land ist zwar nur knapp ein Sechstel so groß wie Deutschland, hat aber entlang seiner mehr als 6000 Kilometer langen Küstenlinie eben diese gewaltige Anzahl von Eilanden. Allerdings sind nur 47 von ihnen bewohnt.

Parallel zur Küste

Zunächst ist es die Insel Pašman, die während der Fahrt ins Auge sticht. Auf einer Länge von etwa 21 Kilometern erstreckt sie sich parallel zur dalmatinischen Küste, von der sie durch den nur etwa vier Kilometer breiten „Pašmanski kanal“ getrennt ist. Südlich schließen sich die kleine Insel Vrgada, das unbewohnte Arta Velika und schließlich die Insel Murter, ein in der Hochsaison überaus beliebtes Urlaubsziel, an.

Der Aussichtspunkt Kamenjak lohnt die Anfahrt.

Aussichtspunkt Kamenjak

Eine weitere Besonderheit macht diese Teilstrecke der Jadranska Magistrala einzigartig: Wasser sieht man nicht an der Küste, also das Meer, sondern – wenn man folgender Empfehlung folgt – auch im Binnenland, diesmal in grüner Variante. Die Rede ist vom Vransko Jezero (deutsch: Vrana-See). Der größte Süßwassersee Kroatiens liegt im gleichnamigen Regionalpark. Das gut 30 Quadratkilometer große Gewässer zu umrunden, ist schon sehr schön. Spektakulär aber ist der Aufstieg zum Aussichtspunkt Kamenjak.

Auf dem Weg nach oben sollte man sich nicht zu sehr wundern. Die letzten Meter bestehen aus grobem Schotter, der aber auch für Fahranfänger noch zu meistern ist und für

Der Brunnen der Kamenjak-Gedenkstätte wurde für 57 Menschen zur Todesfalle.

Die Auffahrt nach Kamenjak ist auch ein Pilgerpfad.

ein Auto überhaupt kein Problem darstellt. Die Straße ist beidseitig mit meterhohen weißen Kreuzen geschmückt.

Ein kleiner Wallfahrtsweg

Gläubige werden es schon erahnen: Dies ist ein kleiner Wallfahrtsweg. Er wurde angelegt, weil im Zweiten Weltkrieg fast alle Einwohner zum Teil noch lebend in das 57 Meter tiefe Brunnensystem geworfen wurden. Die Öffnung befindet sich in einer kleinen Kapelle, die besichtigt werden kann.

Ein paar Schritte weiter bietet sich ein weitaus schönerer Anblick: Man sieht nicht nur den ganzen See, sondern auch weit hinaus auf die Adria, die an manchen Stellen weniger als einen Kilometer entfernt ist, sowie auf Teile von Murter und der Kornaten. Letztere sind eine Inselgruppe, die aus rund 150 Inseln, Archipelen und Felsen besteht. Ein Teil davon ist seit 1980 Nationalpark.

Heilender Schlamm

Zurück auf der Magistrala ist der kleine Fischerort Pirovac einen Halt wert. Bei einem Bummel entdeckt man unter anderem die Pfarrkirche Sveti Juraj. Wer mag, fährt noch in die südlich des Ortes gelegene Bucht Maikirina, die für ihren Heilschlamm bekannt ist.

Die heilende Wirkung wussten wohl schon die Römer zu schätzen, denn Überreste ihrer Bäder sind dort noch heute zu finden. Nach wissenschaftlichen Messungen gibt es in dieser Bucht mehrere hunderttausend Kubikmeter dieses Schlamms, sodass man nicht lange suchen muss, um ihn aufzutragen und damit seiner Haut etwas Gutes zu tun. Die Wirkungsweise ist ähnlich wie beim Schlamm von Nin (siehe Abstecher 2, ab S. 58).

Die folgenden 25 Kilometer bis nach Šibenik sind fahrerisch abgesehen für diejenigen, die der Stadt Vodice ihre Aufwartung machen möchten, eher zu vernachlässigen. Daher empfiehlt sich hier abermals ein Abstecher ins Hinterland, der auf kleinen Straßen zum fast 110 Quadratkilometer großen Nationalpark Krka mit seinen spektakulären Wasserfällen führt.

Der Nationalpark umfasst den größten Teil des Flusslaufs der Krka.

Obwohl der Eintritt kostenpflichtig ist und das Fahrzeug auf einem der Parkplätze abgestellt werden muss, ist ein Besuch sehr zu empfehlen, denn auf den zahlreichen gut ausgeschilderten Spazier- und Wanderwegen durch die rauschende Wasserwelt lässt sich dieses Naturwunder aus allen erdenklichen Perspektiven genießen. Der Nationalpark umfasst den größten Teil des Flusslaufs der Krka und ihres Nebenflusses Čikola. In sieben Wasserfällen ergießt sich das feuchte Nass kaskadenartig durch die bewaldete Landschaft.

Entlang des mächtigen Flusses verstecken sich winzige Pfade und sogar eine kleine Insel. Sie heißt Visovac und liegt im gleichnamigen See. Kulturinteressierte sollten eine 30-minütige Bootsfahrt zur Insel unternehmen, denn das prächtige Franziskanerkloster aus dem Jahr 1445 beherbergt eine kleine, aber feine Kunstsammlung. ▸

Nur eine einsame Straße führt um und teilweise durch den Krka Nationalpark.

Skradinski Buk ist der bekannteste und wohl imposanteste Wasserfall im Krka Nationalpark.

Die Touren beginnen am Skradinski Buk, dem bekanntesten Wasserfall des Nationalparks. Aus einer Höhe von 45,7 Metern stürzt das Wasser über 17 Stufen in ein flaches Becken. Dies ist auch die einzige Stelle im Nationalpark, an der das Baden erlaubt war. Seit 2021 ist das aber leider vorbei.

Wasserkraft-Geschichte

Man wundere sich nicht über ein optisch einzigartiges Gebilde, denn an diesem Wasserfall wurde am 28. August 1895 das erste Wasserkraftwerk Europas in Betrieb genommen, dessen Überreste hier noch zu sehen sind. Das erste der Welt ist übrigens nur drei Tage älter und wurde an den Niagarafällen an der Grenze zwischen dem US-Bundesstaat New York und der kanadischen Provinz Ontario errichtet.

Wechselstrom-Pionier

Beide Varianten basieren auf dem Erfindergeist des in Norddalmatien geborenen Nikola Tesla (siehe Abstecher 2, ab S. 58), der sich zeitlebens unter anderem mit Wechselstrom beschäftigte und sich nach seiner Übersiedlung in die USA einen harten Konkurrenzkampf mit Thomas Edison, dem anderen genialen Elektroingenieur dieser Zeit, lieferte. Das Besondere an beiden Anlagen war der

Einsatz von Wechselstrom, der es erstmals ermöglichte, Energieerzeugung und deren Nutzung weiträumig voneinander zu trennen.

Dalmatinisches Museum

Wird der Nationalpark einmal umrundet, findet man den Weg zu einem weiteren Freiluftvergnügen: Im Etnoland Dalmati wurden typische Gebäude aus der ganzen Region zu einem echten dalmatinischen Dorf vom Ende des vorletzten Jahrhunderts zusammengetragen. Von hier ist Šibenik, und damit die Jadranska Magistrala, nicht mehr weit. Auch dem Fluss Krka begegnet man wieder, denn die Stadt liegt an seiner Mündung in die Adria.

Etnoland Dalmati ist ein lehrreiches Vergnügen.

Die Altstadt von Šibenik, die sich rund um den gut geschützten Hafen erstreckt, ist auf jeden Fall einen Besuch wert, denn die UNESCO hat gleich zwei ihrer Stätten zum Weltkulturerbe erklärt. Eines davon ist die Kathedrale St. Jakob. Mit dem Bau wurde 1431, also in der Spätgotik,

In der Altstadt von Šibenik verbergen sich zahlreiche Weltkulturschätze.

Von der Jadranska Magistrala aus ist die über Šibenik wachende Burg gut zu erkennen.

begonnen, die Fertigstellung erfolgte 1536, also in der Renaissance. Es ist die einzige Kathedrale in Europa, die vollständig aus Stein errichtet ist, da keine Holzelemente beim Bau verwendet wurden.

Ein weiteres UNESCO-Weltkulturerbe in Šibenik ist das Verteidigungssystem mit gleich vier Festungen, deren Ursprünge bis in die venezianische Zeit zurückreichen. Darüber hinaus hat die Stadt, die auch als Drehort für die Serie Game of Thrones viele Fans auf der ganzen Welt gewonnen hat, zahlreiche weitere Kirchen und Sehenswürdigkeiten zu bieten.

Gutes Schuhwerk ist für einen Spaziergang unerlässlich, denn Šibenik trägt auch den Beinamen

AUTOREN-TIPP

Die Hauptattraktion des Nationalparks Krka ist der Wasserfall **Skradinski Buk** (GPS 43.805043, 15.963655). In dem 110 Quadratkilometer großen Gebiet gibt es noch sieben weitere Wasserfälle, außerdem Ruinen und weitere Sehenswürdigkeit. Es gibt insgesamt fünf Eingänge zum Park, der meist genutzte ist wohl Vrata Krke mit seinem Shuttle zum Wasserfall. Seit 2021 ist das Baden in den Krka-Gewässern verboten.

npkrka.h

„Stadt der Treppen". Offiziell geht man von 2800 Stufen aus. Wie viele es tatsächlich sind, kann jeder vor Ort selbst überprüfen. Fest steht jedenfalls, dass sie aufgrund der Topographie unverzichtbar sind, denn Šibenik wurde auf einem Hügel erbaut und schmiegt sich terrassenförmig an den Kalkfelsen.

Šibenik schmiegt sich terrassenförmig an einen Kalkfelsen.

Bei einem Spaziergang durch die malerischen Gassen kommt man immer wieder an Stellen, an denen man den Blick auf die Stadt, das Meer und die vorgelagerten Inseln genießen kann. Aus der Vogelperspektive scheint die Stadt nur von einem großen See umgeben zu sein, tatsächlich ist sie aber durch eine schmale Meerenge – ähnlich einem Fjord – mit der Adria verbunden. Dahinter liegen unter anderem die Inseln Zlarin, Zirje, Prvic und Kaprije.

Weiter geht es nach Primošten. Die Stadt ist eigentlich ein mit kleinen Fischerhäuschen bebauter Hügel mitten im Meer und nur durch einen schmalen Damm mit dem Festland verbunden. Früher öffnete eine Zugbrücke die kleine Insel zum Festland, der sie auch ihren Namen verdankt. „Primoštiti" bedeutet auf Deutsch überbrücken.

Im Alltag war das Heben und Senken der Brücke sicher lästig, aber im Krieg bot sie Schutz vor feindlichen Truppen. Im Gassengewirr erwar-

Primošten ist nur über einen schmalen Damm mit dem Festland verbunden.

Trogir setzt die Reihe der Welterbe-Perlen entlang der kroatischen Adriaküste nahtlos fort.

ten den Besucher alte dalmatinische Steinhäuser, liebevoll gestaltete Hinterhöfe und kleine, gepflegte Gärten.

Weltkulturerbe Trogir

Der nächste Abschnitt der Küstenstraße führt nach Trogir, dessen gesamte Altstadt von der UNESCO zum Weltkulturerbe erklärt wurde. Gewürdigt wurde vor allem ihre städtebauliche Kontinuität. So finden sich im historischen mittelalterlichen Zentrum, das größtenteils noch von einer Stadtmauer umgeben ist, gut erhaltene Bauten aus der Romanik, Gotik, Renaissance und dem Barock, darunter die Burg, Kirchen, Paläste, aber auch Wohnhäuser. Angesichts der zahlreichen kriegerischen Auseinandersetzungen im Mittelmeerraum grenzt es fast an ein Wunder, dass all diese architektonischen Kleinode erhalten geblieben sind.

Bis Split, dem Endpunkt dieser Etappe, ist es nur noch ein Katzensprung. Die Peripherie der zweitgrößten Stadt Kroatiens ist wie in fast allen Großstädten nicht gerade einladend. Doch das ändert sich im Zentrum.

Promenieren unter Palmen

Trotz seiner Größe hat sich Split seinen mediterranen Charme bewahrt. Besonders deutlich wird dies an der Obala Hrvatskog narodnog preporoda, kurz Riva genannt. Die zwei Kilometer lange Uferpromenade ist von einer Palmenallee gesäumt, wird von Einheimischen und Urlaubern als Flaniermeile genutzt und verläuft entlang der Front des Diokletianpalastes. Diese architektonische Besonderheit, die ebenfalls zum UNESCO-Weltkulturerbe gehört, nimmt fast die Hälfte der Altstadt ein und stellt die Keimzelle der ursprünglichen Siedlung dar.

Einblick in Trogirs sehenswerte Altstadt.

Wer Split hautnah erleben möchte, sollte unbedingt durch die mit Marmor gepflasterten Gassen und Plätze im Inneren spazieren. Das Südtor des Palastes führt direkt von der Riva in die römisch-kaiserlichen Kellerräume. Der Namensgeber Diokletian war ein römischer Kaiser, der zu seiner Zeit auch über diesen Teil der Adria herrschte. Er ließ das Gebäude zwischen 295 und 305 nach Christus als privaten Ruhesitz errichten.

Diokletian ging übrigens als einziger römischer Kaiser in die Geschichte ein, der jemals freiwillig abdankte – und dazu als vehemen-

Das Zentrum von Split wird dominiert vom Diokletian-Palast.

Mit Hotels, Märkten und Nachtleben ist der Diokletian-Palast wie eine Stadt in der Stadt.

ter Christenverfolger. Es ist daher erstaunlich, dass die mehrheitlich römisch-katholischen Kroaten den Palast nie umbenannt haben. Dies ist nur bei der in unmittelbarer Nähe gelegenen Kathedrale Sveti Duje der Fall. Sie diente einst als Mausoleum des Kaisers Diokletian.

Beeindruckende Ausmaße

Schon die ursprünglichen Ausmaße des Diokletianspalastes waren mit 215 mal 180 Metern beeindruckend. Der Palast ist im typischen Stil römischer Kastelle angelegt, also rechteckig, von vier Mauern umgeben und mit je einem Tor versehen. Im Laufe der Jahrhunderte wurde der Palast mehrfach umgebaut, erweitert und für verschiedene Zwecke genutzt. Heute beherbergt er sowohl Kirchen als auch Marktplätze, verschiedene Restaurants und Bars sowie Hotels.

Ob Morgenkaffee, Sundowner oder abendlicher Restaurantbesuch, der Urlauber hat die Qual der Wahl. Auch zahlreiche kulturelle Veranstaltungen finden hier statt. Besonders schön: Die dicken Mauern des Diokletianpalastes sperren Verkehr, Lärm und Hektik einfach aus.

Ein Fest für die Sinne ist auch ein Bummel über die zahlreichen Märkte der Stadt, auf denen Obst, Gemüse und andere Köstlichkeiten angeboten werden. Der bekannteste unter ihnen ist der „Pazar", wie ihn die Einheimischen liebevoll nennen. Er erstreckt sich entlang der Ostmauer des Diokletianspalastes rund um die Kirche des Heiligen Dominikus. Hier erwarten den Besucher die leuchtenden Farben und Düfte ganz Dalmatiens. Inmitten der engen Stände kann man die mediterrane Lebensart schmecken, riechen und fühlen. Der Pazar ist täglich von 6.30 Uhr bis spät in die Nacht geöffnet. Wer frische Waren wie Gemüse oder Blumen kaufen möchte, sollte allerdings vor der Mittagszeit seinen Einkauf beginnen.

Den Besucher erwarten die frischen Farben und Düfte Dalmatiens.

In Split befindet sich auch einer der größten Yachthäfen der Adria. Tagsüber sieht man hier prächtige Yachten, die zum Träumen einladen. Wessen Geldbeutel nicht ganz so prall gefüllt ist, bucht zumindest eine der regelmäßig verkehrenden Autofähren der Jadrolinija, etwa um die Inseln Brač und Hvar zu besuchen. Was einen dort genau erwartet, wird in Abstecher 3 auf den folgenden Seiten dieses Reiseführers näher beschrieben. ◂

Der betriebsame Fährhafen von Split mit den Schiffen von Jadrolinija.

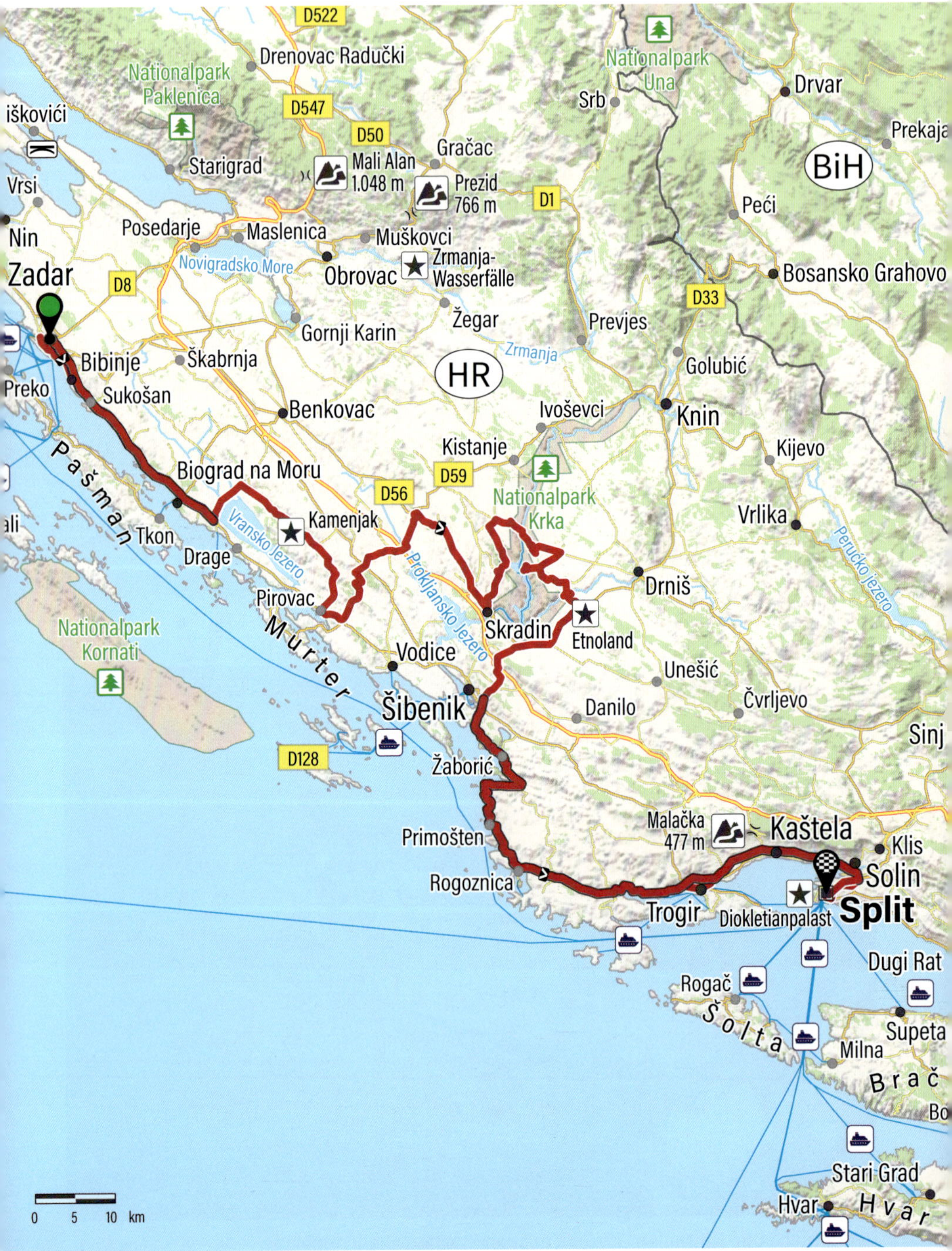
D522
Drenovac Radučki
Nationalpark Paklenica
D547
D50
Gračac
Mali Alan 1.048 m
Prezid 766 m
D1
Nationalpark Una
Srb
Drvar
Prekaja
BiH
Peći
Starigrad
Vrsi
Nin
Zadar
Posedarje
Maslenica
Muškovci
Novigradsko More
Obrovac
Zrmanja-Wasserfälle
D8
Gornji Karin
Žegar
Prevjes
D33
Bosansko Grahovo
Golubić
Zrmanja
HR
Bibinje
Škabrnja
Preko
Sukošan
Benkovac
Ivoševci
Knin
Kistanje
Kijevo
Pašman
Biograd na Moru
D59
D56
Nationalpark Krka
Vrlika
Tkon
Kamenjak
Vransko Jezero
Drage
Prokljansko Jezero
Peručko Jezero
Drniš
Pirovac
Skradin
Etnoland
Nationalpark Kornati
Murter
Vodice
Unešić
Šibenik
Danilo
Čvrljevo
Sinj
D128
Žaborić
Malačka 477 m
Kaštela
Klis
Primošten
Solin
Rogoznica
Trogir
Diokletianpalast
Split
Dugi Rat
Rogač
Šolta
Supeta
Milna
Brač
Stari Grad
Hvar
0 5 10 km

TOURDAUER
ca. 5 Stunden (reine Fahrtzeit)
1 – 2 Tage (mit Besichtigungen)

STRECKENLÄNGE
ca. 250 Kilometer

ROADBOOK
Zadar, Biograd na Moru, Pirovac, Durbravice, Skradin, Gradina, Šibenik, Primošten, Trogir, Split.

INFO
dalmatia.hr/de
sibenik-tourism.hr/de
tz-primosten.hr/de
visitsplit.com/de

CHARAKTERISTIK
Auf dieser Etappe in Mitteldalmatien stehen neben dem Fahrspaß vor allem zwei Themen auf dem Programm: Wasser in allen Variationen und dazu ausgedehnte Stadtbesichtigungen durch einige der schönsten Perlen an der Adria.

SCHAUEN
Einer der schönsten Aussichtspunkte an der Adria befindet sich auf dem **Kamenjak** (GPS 43.887934, 15.565824) oberhalb des Vrana-Sees (Vransko Jezero). Die Straße hinauf ist ein mit Kreuzen gesäumter Pilgerweg. Die Geschichte der kleinen Kapelle ist traurig, der Blick auf den See, die Adria mit den vorgelagerten Inseln und den Nationalpark Kornati jedoch einzigartig.

Hoch über Šibenik, auf dem 80 Meter hohen Hügel Vidakuša, thront die **Festung Barone** (GPS 43.737415, 15.89668), ein mächtiges, gut erhaltenes Gemäuer aus dem 17. Jahrhundert. Im Inneren informiert ein modernes interaktives Museum über die spannende Geschichte der Stadt.
tvrdjava-kultur.hr

Ein Spaziergang durch **Trogir** (GPS 43.534966, 16.265371) gleicht einem Besuch in einem Freilichtmuseum: Die gesamte Altstadt gehört zum UNESCO-Weltkulturerbe. Sie wurde von den Römern durch einen Kanal vom Festland getrennt. **visittrogir.hr**

SCHLAFEN
Mit perfekter Lage am Eingang Lozovac zum Nationalpark Krka bietet das **Hotel Vrata Krke** (GPS 43.795542, 15.967372) geschmackvoll eingerichtete Zimmer, Pool, Wellnessbereich, Restaurant und kostenlose Parkplätze. **vrata-krke.hr**

Direkt an der Uferpromenade der Altstadt in Šibenik bietet das **Armerun Heritage Hotel** eine

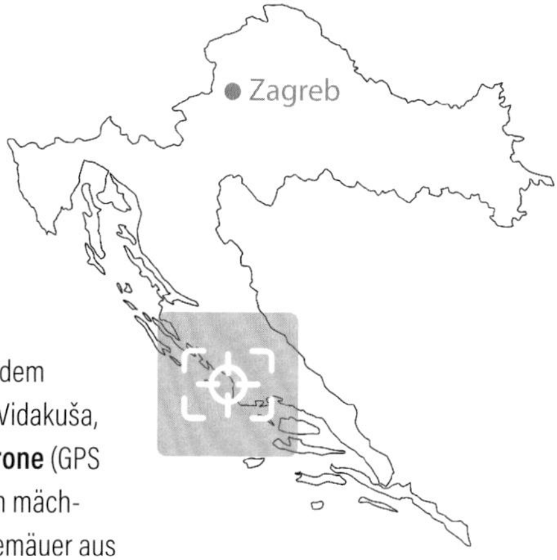

perfekte Lage (GPS 43.737110, 15.887789). Trotzdem sind (kostenpflichtige) Parkplätze vorhanden. Es ist in einem historischen Gebäude untergebracht, bietet aber modernste Ausstattung.
armerun.com

Das familär geführte **Hotel Trogirski Dvori** (GPS 43.520432, 16.255992) ist etwa zwei Kilometer von Trogirs Altstadt enfernt. Das Parken ist kostenlos.
hotel-trogirskidvori.com

SCHLEMMEN
Liebhaber von Spanferkel und Lamm kommen im **Restaurant Marin** (GPS 43.808224, 15.701287) auf ihre Kosten. Es liegt verkehrsgünstig direkt am Kreisverkehr östlich von Pirovac im Städtchen Tisno. Die Wirtin stammt aus Deutschland.
restoran-marin.hr

Die Inseln Brač und Hvar sind von Split aus eine perfekte Kombination.

Inseln im Duett

Nur 3,4 Kilometer Wasser trennen die Inseln Brač und Hvar – aber es gibt keine direkte Fährverbindung. Von der Magistrala aus können sie trotzdem miteinander kombiniert werden.

Ein Ausflug auf die größten dalmatinischen Inseln Brač und Hvar sollte gut vorbereitet sein. Eine Landverbindung durch Brücken gibt es nicht, sodass man auf die Fähre angewiesen ist. Leider sind die Eilande nicht direkt auf dem Seeweg miteinander verbunden, obwohl sie nur 3,4 Kilometer Wasser trennen. Theoretisch ist es zwar möglich, beide an einem Tag zu erkunden, sinnvoll ist das aber nicht. Wir empfehlen daher mindestens eine Zwischenübernachtung, etwa in Makarska, einzuplanen.

Größte Insel Dalmatiens

Los geht's in Split: Gut eine Stunde braucht die Fähre, um Mensch und Fahrzeug nach Brač und damit auf die größte Insel Dalmatiens zu bringen. Auf einer Fläche von knapp 400 Quadratkilometern leben nur rund

14 000 Einwohner. Da sich die meisten Urlauber an den verschiedenen Badestränden tummeln, hat man die Straßen im Inselinneren oft fast für sich allein.

Der Marmorstein fürs Weiße Haus stammt von Brač.

Steine fürs Weiße Haus

Angelegt wird am Fährhafen von Supetar, der mit gut 3 500 Einwohnern größten Gemeinde der Insel. Hier lohnt sich ein erster kleiner Bummel durch die Altstadt. Danach geht es westwärts. Nach einigen hübschen Küstenkilometern und einer Fahrt zur Inselmitte sind die Steinbrüche rund um Donji Humac erreicht, in denen ein weißer Kalkstein abgebaut wird, der optisch an Marmor erinnert.

Schon die Römer verwendeten ihn für den Bau verschiedener Paläste und Theater an den Küsten antlang der Adria. Die Kroaten sind aber besonders stolz darauf, dass er dem Weißen Haus in Washington, für dessen Bau er verwendet wurde, sogar seinen Namen gegeben hat. ►

Zlatni Rat, das goldene Horn von Bol, gilt als berühmtester Strand Kroatiens.

In 778 Metern Höhe auf dem Vidova Gora auf Brač.

Wenig später gilt es, den höchsten Berg der Insel zu erklimmen. Zwar hält die 778 Meter hohe Vidova Gora einem Vergleich mit den Alpen nicht stand, aber der Aufstieg lohnt sich. Die Strecke wird gesäumt von dalmatinischen Schwarzkiefern, spendet im Sommer wohltuenden Schatten und ist sehr abwechslungsreich. An manchen Stellen erinnert der Weg tatsächlich an eine – zumindest kleine – Hochgebirgsstraße. Oben angekommen bietet sich ein Panorama, das seinesgleichen sucht: ein fantastischer Blick auf die blaue Adria und die Nachbarinsel Hvar.

Nächste Station ist Bol, das touristische Zentrum der Insel. Wer Brač aber intensiver erkunden möchte, gönnt sich zuvor eine Schleife entlang der Nordküste – und dreht damit fast eine Acht über das Eiland.

Ans Goldene Horn

In Bol angekommen ist über eine von Pinien gesäumte Uferpromenade nach einem etwa 25-minütigen Spaziergang die Landzunge Zlatni Rat (Goldenes Horn) erreicht. Hier befindet sich der wohl berühmteste Strand Kroatiens. Sein Kies ist so fein, dass man glaubt, es mit einem Sandstrand zu tun zu haben.

Das Badeparadies ragt 500 Meter ins Meer und besteht an seinen Enden aus winzigen runden Kieselsteinen, die sich mit der Wasserströmung bewegen. Dabei verändern sich sogar die Form: Je nach Wasserstand zeigt die Spitze der Landzunge mal in die eine, mal in die andere Richtung.

Suboptimaler Fährplan

Die letzte Amtshandlung auf Brač führt in den südlichen Teil der Insel, bevor es mit der Fähre aufs Festland geht, genauer gesagt zum Fährhafen Makarska. Von hier aus könnte man nach Split zurückkehren, was einer Tagestour entspräche. Und von dort am nächsten Tag erneut mit einer

Fähre nach Hvar aufbrechen. Oder man nächtigt stattdessen an der bildschönen Makarska Riviera und nutzt den nur kurzen Hüpfer ab Drvenik am nächsten Morgen zum Übersetzen nach Hvar. In Sućuraj, ganz im Osten der Insel gelegen, beginnt dann nach einer halbstündigen Fahrt über die Adria die Erkundung der Lavendelinsel.

Gleich vier Fähren sind fürs Inselhopping nötig.

Im Juli ein Lavendelmeer

Wer kann, sollte für seinen Besuch Ende Juni bis Anfang Juli einplanen, denn dann ist Blütezeit und die Landschaft von Hvar verwandelt sich in ein lila-violettes Lavendelmeer. Diese Pflanze ist der Exportschlager der Insel, noch vor Wein und Oliven.

An vielen Orten auf Hvar, gerne an privaten Verkaufsständen direkt an der Straße, kann man sich folgerichtig mit Lavendelsäckchen, Lavendelöl oder anderen Produkten eindecken. Wer gerne Ungewöhnliches kostet, sollte übrigens unbedingt das Lavendeleis probieren. ►

Sućuraj im Osten von Hvar ist der Startort zur zweiten Inseletappe.

Über den Hafen von Hvar wacht eine Festung.

Aber auch außerhalb der eigentlichen Lavendelsaison lohnt sich eine Erkundung auf der gut ausgebauten Hauptroute 116, die – ziemlich genau in der Mitte – einmal quer über die langgestreckte Insel führt. Mit 67,5 Kilometern ist Hvar die längste Insel Kroatiens – die breiteste Stelle misst nur gut zehn Kilometer. Die ersten gut 50 Kilometer entpuppen sich als ein einizges fahrerisches Highlight, denn sie schlängeln sich überaus abwechslungsreich durch die Landschaft.

Danach steht mit einem Abstecher nach Stari Grad Kultur auf dem Programm. Ein kurzer Spaziergang durch die altehrwürdigen Gassen ist empfehlenswert, denn der Name der Stadt (Stari Grad bedeutet auf Deutsch „alte Stadt") ist nicht zufällig gewählt: Sie ist die älteste Stadt des Landes. Folgerichtig gehört sie auch zum UNESCO-Weltkulturerbe.

Von Griechen gegründet

Im Jahr 384 vor Christus von den Griechen unter dem Namen Pharos gegründet, erlebte Stari Grad im Laufe der Jahrhunderte viele Schicksalsschläge und Zerstörungen. Erst im Mittelalter wurde die Stadt wieder aufgebaut und 1147 zum Bischofssitz erhoben. Ihre wirtschaftliche Blütezeit war aber das 19. Jahrhundert. Damals gehörte der Hafen zu den wichtigsten Schifffahrtszentren an der Adria.

AUTOREN-TIPP

Etwas versteckt im Inselinneren von Brač liegt die mystische Stätte **Eremitage Blaca** auf einer Felsklippe. Im 16. Jahrhundert flüchteten Mönche auf die Insel und gründeten an diesem vom Meer aus nicht einsehbaren Ort eine neue Siedlung mit Kirchen, Schule, Bibliothek und Druckerei. Der Klosterkomplex ist heute ein Museum. Schwer erreichbar liegt ganz in der Nähe Jugoslawiens ehemaliger U-Boot-Bunker.

GPS 43.293092, 16.529583

Die meisten Sehenswürdigkeiten befinden sich rund um den Hauptplatz, zum Beispiel die Kirche Sveti Štefan. Sehr schön ist auch das Schlösschen der Familie Hektorović. Ihr berühmtester Spross, Petar, ließ es erbauen. Er gilt als einer der bedeutendsten Schriftsteller des Landes, da er im 16. Jahrhundert die ersten Gedichte in kroatischer Sprache verfasste.

Danach sollte man sich Richtung Westen halten. Nicht nur, weil man auf diesem Weg zur gleichnamigen Inselhauptstadt Hvar gelangt, sondern vor allem, weil sich die Nebenstrecke dorthin mehr als spektakulär in weiten Serpentinen auf und ab windet. Die Fahrt mitten durch die Hügel macht mächtig Spaß. Immer im Blick ist natürlich das Meer, aber auch die Nachbarinsel Brač.

Hvar hat einen ganz anderen – und dabei sehr eigenen – Charakter.

Die Lagen sind mit gut 170 Metern zwar nicht dramatisch hoch. Aber man kommt von Null, und das Kurvengeschlängel auf der alten Straße zum Hauptort der Insel kann begeistern. Was dem einen oder anderen schon beim Fernblick von Brač aufgefallen sein mag, bestätigt sich hier besonders eindrucksvoll: Hvar hat, obwohl in unmittelbarer Nachbarschaft gelegen, einen ganz anderen – und sehr

Steil geht es hinauf zum Napoleon-Aussichtspunkt mit Blick auf Hvar und weitere Inseln.

Die Gassen von Stari Grad, Kroatiens ältester Stadt, laden zum Schlendern ein.

eigenen – Charakter. Endlose Steinmauern bedecken fast jeden Winkel des Bergrückens, über den auch die Hauptverkehrsader der Insel verläuft.

Internationale Prominenz

Die Stadt Hvar hat sich zu einem der kroatischen Hotspots für die internationale Prominenz entwickelt. George Clooney, Beyonce Knowles, aber auch Giorgio Armani verbringen hier gerne einen Teil ihrer Sommerfrische. Natürlich bleiben sie in dieser Zeit lieber unter sich, sodass sie ihre Jachten nur selten verlassen, um durch die Gassen zu schlendern. Das macht aber nichts, denn schließlich hat der Ort uns Besuchern mehr als nur Promis zu bieten. Wie so oft finden sich venezianische, aber auch österreichische Einflüsse. Auch Freunde der Superlative kommen auf ihre Kosten: Hvar beherbergt das älteste öffentliche Theater Europas.

Zurück zur Magistrala

Zum Abschluss ein Schwenk über Milna und Zaraće im südwestlichen Teil von Hvar, dann nimmt man wieder Kurs auf Stari Grad. Umweit der bereits besichtigten Stadt befindet sich der Fährhafen. Hier trennt einen nur noch eine gut zweistündige Überfahrt vom Ausgangspunkt Split – und schon ist man wieder auf der Jadranska Magistrala. ◄

TOURDAUER
ca. 15 Stunden (reine Fahrtzeit)
2 – 3 Tage (mit Besichtigungen)

STRECKENLÄNGE
ca. 350 Kilometer, 4 Fähren

ROADBOOK
Split, Supetar, Donji Humac, Bol, Makarska, Drvenik, Sućuraj, Stari Grad, Hvar, Milna, Stari Grad, Split.

INFO
visitbrac.com • visithvar.hr

CHARAKTERISTIK
Bei der Planung sollte man unbedingt die Fährabfahrtszeiten im Auge behalten. Die Fahrpläne ändern sich saisonbedingt.

jadrolinija.hr/de

SCHAUEN
Hoch hinaus geht es auf die **Vidova Gora**, mit 778 Metern der höchste Berg aller kroatischen Inseln (GPS 43.282124, 16.622314).

SCHLAFEN
Das **Waterman Beach Village** (GPS 43.381256, 16.564891) bei Supetar auf Brač bietet sehr hübsche Bungalows mit Badezimmer und komplett eingerichter Küche. Das Areal liegt direkt am Meer, verfügt auch über eine Bar mit Restaurant und bietet kostenlose Parkplätze.

beach-village.com

Das **Art Deco Pape** bietet drei Apartments und zwei Zimmer. Vor allem die ruhige Lage (GPS 43.165327, 16.449514) macht es zu einem Tipp auf Hvar: Die Altstadt der gleichnamigen Hauptstadt ist zu Fuß zu erreichen und das Meer nur einen Katzensprung entfernt.

apartments-pape.com

Europäische Umwege

Die Jadranska Magistrala führt auf dieser Etappe eigentlich durch den zehn Kilometer langen Neum-Korridor. Doch die 2022 eröffnete, mautfreie Pelješac-Brücke ist jetzt die schnellste Verbindung nach Dubrovnik.

Die vierspurige Pelješac-Brücke ist insgesamt 2,4 Kilometer lang und 22,5 Meter breit.

Die Statue der Volksheldin Mila Gojsalić blickt wohlwollend auf das einstige Piratennest Omiš.

Ab Split bietet dieser Abschnitt der Jadranska Magistrala schon auf den ersten Kilometern wieder reichlich Kurven und herrliche Panoramablicke. Ein erster Stopp lohnt sich in der Stadt Omiš, die direkt an der Mündung des Flusses Cetina in die Adria liegt und einst ein berüchtigtes Piratennest war. Ihre Freibeuter galten jahrhundertelang als die grausamsten im gesamten Mittelmeerraum. Unzählige Handelsschiffe wurden von ihnen auf ihrem Weg durch die Adria abgefangen, ausgeraubt und die Besatzungen ermordet.

Selbst die streitbaren Venezianer fürchteten sich vor ihnen und schlossen im neunten Jahrhundert sogar einen Nichtangriffspakt mit ihnen. Auf diesen ließen sich die Piraten allerdings nur gegen einen hohen Tribut ein, damit die Schiffe unbeschadet diesen Teil der Adria gefahren konnten. Damit führten sie damals so etwas wie eine Maut auf dem Seeweg ein.

Friedfertiger geworden

Seit jener Zeit sind die Einwohner friedfertiger geworden und freuen sich heute auf auswärtige Besucher. Daher kann man in den zahlreichen privaten Unterkünften und kleinen Pensionen der Stadt übernachten und die Gastfreundschaft genießen. Das ist an diesem Stück der Küstenstraße auch nötig, denn Hotels gibt es in und um Omiš nur wenige.

Im weiteren Verlauf der Magistrala sind es wieder die landschaftlichen Eindrücke, die begeistern. Mit Brela erreicht man den Küstenabschnitt, der als Makarska Riviera bezeichnet wird. Zur Rechten blickt man auf die Inseln Brač und Hvar (siehe Abstecher 3, ab S. 84), zur Linken auf das dramatisch aufragende Biokovo-Gebirge. Zu Recht wird die Makarska Riviera gerne mit der französischen Côte d'Azur verglichen.

Die Makarska Riviera ist Kroatien Côte d'Azur.

Vor allem Familienurlaub

Von großer touristischer Bedeutung ist der Ort Baška Voda. Er ist – wie übrigens alle Orte an der Makarska Riviera – vor allem für den Familienurlaub prädestiniert. Die Strände sind hier durchweg mit schattenspendenden Pinienbäumen gesäumt, so dass man sich das Ausleihen teurer Sonnenschirme meist sparen kann. Strandsandalen hingegen sind nicht nur für empfindliche Kinderfüße empfehlenswert, da die Kieselsteine teilweise recht spitz sind. ►

Eng schmiegt sich die Jadranska Magistrala an die Makarska Riviera.

Am Strand von Bratuš in der Nähe von Baška Voda.

Der Aufstieg des ehemaligen Fischerdorfes Baška Voda begann in den 1930er Jahren, als die Gebrüder Sikavica das erste Hotel eröffneten. Das noch heute existierende Slavija wurde schnell landesweit populär. Damals gründete sich auch ein Verschönerungsverein, der bis heute Einfluss auf das Erscheinungsbild des Ortes nimmt.

Wer die Annehmlichkeiten des Strandlebens mit Kultur verbinden möchte, muss nicht weit fahren. Nur etwa zehn Kilometer südlich liegt die Stadt Makarska, der die rund 45 Kilometer lange Riviera ihren Namen verdankt. Ihre Wurzeln reichen bis ins erste Jahrhundert zurück.

Die Lage machte sie begehrt, und so hatten es die Menschen mit häufig wechselnden Machthabern zu tun. Mal die Römer, dann die Kroaten, lange Zeit die Türken, aber auch die Venezianer und die unvermeidlichen Habsburger hatten hier das Sagen. Obwohl diverse Kriege, aber auch das Erdbeben von 1962, dem Ort arg zugesetzt haben, lohnt sich ein Bummel durch die erstaunlich gut erhaltene Altstadt.

Die Jadranska Magistrala, die die Bergwelt von den Küstenorten und ihren Stränden trennt, ist im Bereich der Makarska Riviera recht schmal. Entsprechend imposant wirkt die Landschaft des Biokovo mit seinen insgesamt 16 Gipfeln über 1400 Meter. Das grau-weiße Kalkgebirge ist küstenseitig kaum bewachsen und ragt steil in die Höhe.

Aufstieg zum Sveti Jure

Unbedingt empfehlenswert ist ein Abstecher auf den 1762 Meter hohen Sveti Jure (deutsch: Heiliger Georg). Oberhalb von Makarska erstreckt sich der gut 196 Quadratkilometer große und rund 30 Kilometer lange Naturpark Biokovo. Zu diesem Park, in dem sich Dolinen, natürliche Vertiefungen, Höhlen, Eisgruben und die Amfora, mit 788 Metern die vierttiefste Höhle Kroatiens, befinden, gehört auch dieser Gipfel. Der Aufstieg dauert zu Fuß gut fünf Stunden – mit dem Auto oder Motorrad geht es deutlich schneller, aber nicht unbedingt weniger anstrengend.

Bei Gorij Tučepi, sechs Kilometer östlich von Makarska, befindet sich der Eingang zum Park. Hier ist eine geringe Maut zu entrichten. Der Gipfel ist mit dem Fahrzeug zu erreichen, allerdings ist etwas Bergerfahrung hilfreich, da das letzte Stück sehr schmal ist. Der Straßenbelag wechselt auf der gesamten Strecke zwischen holprig und frisch asphaltiert, was die Fahrt unberechenbar macht. Auch Schwindelfreiheit kann nicht schaden: Vor allem im ersten Drittel schlängelt sich die schmale Straße an Felsen und Abgründen entlang den Berg hinauf.

Der gläserne Skywalk ragt zwölf Meter aus der Felswand heraus.

Etwa auf halber Strecke führt die Biokovo-Straße direkt bis zum Aussichtspunkt „Nebeska Šetnica" (zu Deutsch Himmelsspaziergang), der 2020 eröffnet wurde. Der Skywalk befindet sich auf einer Höhe von 1228 Metern direkt am Ravna-Vlaska-Pass und ragt zwölf Meter aus der Felswand heraus. Auf der Stahlbetonkonstruktion wurde ein Glasweg verlegt, der ein einzigartiges Panoramaerlebnis in alle Richtungen ermöglicht. Während des Spaziergangs befin-

Ein gläserner Skywalk ermöglicht am Weg zum Sveti Jure ein einzigartiges Erlebnis.

Das Denkmal Galebova Krila (Möwenflügel) erinnert in Podgora an Titos Partisanen.

det man sich etwas mehr als einen Kilometer über dem Abgrund, was zwar ein wenig beängstigend ist, aber mit einem herrlichen Blick auf die Makarska Riviera belohnt wird.

Maximal 30 Personen

Diese in Kroatien einzigartige Aussichtsplattform ist im Wesentlichen eine Rekonstruktion des alten Aussichtspunktes. Von beiden Seiten gibt es Zugangstreppen, die einen Rundgang ermöglichen und den Besucherstrom aufrechterhalten. Maximal 30 Personen dürfen gleichzeitig auf das tragende Glas steigen.

Von dort führt die Straße weiter bis zum Gipfel des Sveti Jure. Auf der letzten Etappe drängen sich die Serpentinen in felsigem Gelände, bevor der Gipfel erreicht wird. Wenngleich man auf derselben Strecke zurückfährt, wird es durch die unterschiedlichen Perspektiven nicht langweilig.

In Gradac endet die Makarska Riviera, aber bis Ploče geht es noch ziemlich spektakulär weiter. Doch dann biegt die D8 plötzlich ins Landesinnere ab und schlängelt sich parallel zur Neretva, die hier in die Adria mündet, durch ihr weites Delta. Sie ist der wichtigste Fluss im Nachbarland Bosnien und Herzegowina. Von ihren 225 Kilometern liegen zwar nur 22 auf kroatischem Gebiet, aber die haben es in sich: optisch und wirtschaftlich.

Ausgedehnter Sumpf

Über Jahrmillionen ist hier eine ungewöhnliche Landschaft entstanden, die von mehreren Flussarmen durchzogen wird und aus ausgedehnten Sumpfgebieten besteht. Da diese von Natur aus kaum bewässert werden müssen, gehören sie zu den fruchtbarsten Gebieten Kroatiens, was dem Neretva-Delta den Beinamen „kroatisches Kalifornien“ eingebracht hat.

Über die Pelješac-Brücke

Lange Zeit konnte man den auf bosnisch-herzegowinischem Gebiet liegenden Teil der Jadranska Magistrala (siehe Abstecher 4, ab S. 108) nur umgehen, wenn man von Ploče mit der Fähre auf die Halbinsel Pelješac übersetzte, diese einmal durchquerte und an ihrem Ende bei Ston wieder auf die Küstenstraße stieß. Seit 2022 ist das nicht mehr nötig, denn in jenem Sommer wurde die mautfreie Pelješac-Brücke eröffnet. Sie verbindet Komarna auf dem Festland mit Brijesta auf Pelješac und ist seither die meistgenutzte Verbindung zur südlichen Adriaküste. ▸

Auch nachts kommt die mautfreie Pelješac-Brücke prächtig zur Geltung.

Der Weinbau auf Pelješac bringt gute Tropfen hervor.

Die Brücke ist 2404 Meter lang, 22,5 Meter breit und 55 Meter hoch. Selbst große Kreuzfahrtschiffe können noch unter ihr hindurchfahren. Zum Projekt Pelješac-Brücke gehört auch eine neue Umgehungsstraße über die Halbinsel, die D 674. Vier Tunnel, eine Brücke, ein Viadukt und eine Schleife wurden dafür über und durch das Gelände getrieben, damit sie im Jahr 2023 eröffnet werden konnte. Bei Zaton Doli trifft sie dann auf die ursprüngliche Jadranska Magistrala.

Diese für die Kroaten wichtige verkehrsplanerische Maßnahme, deren Realisierung mehrere Jahre in Anspruch nahm, verkürzt die Fahrzeit durch den neuen Verlauf der Jadranska Magistrala erheblich. Früher dauerte es oft einige Stunden wegen der Wartezeiten an den beiden EU-Außengrenzen zu Bosnien und Herzegowina – vor allem zur Hochsaison. Heute sind es nur noch flüssige 30 Minuten ohne Stopp. Allerdings nur, wenn man schnurstracks über die Halbinsel rauscht, was für die Bewohner Südkroatiens im Alltag sicher sinnvoll ist, für Reisende aber gerade beim ersten Besuch angesichts der zahlreichen Attraktionen auf Pelješac zu schade wäre.

Großartiges Mauerwerk

Sehenswert sind vor allem die Orte Veliki Ston und Mali Ston. Beide sind durch eine weithin sichtbare, 5,5 Kilometer lange Festungsmauer

AUTOREN-TIPP

In der Stadt Vid kann man im modernen, aber abgelegenen **Archäologischen Museum Narona** eines der am besten gehüteten Geheimnisse Kroatiens besichtigen: die Überreste der antiken Stadt Narona. Wahrscheinlich 400 v. Chr. von den Griechen gegründet, wurden hier nach der römischen Eroberung 33 v. Chr. ein Forum, Tempel, Thermen und ein Theater errichtet.

a-m-narona.hr

GPS 43.080414, 17.625852

verbunden, die sofort an das chinesische Pendant erinnert. Angeblich handelt es sich um die zweitlängste Stadtmauer der Welt. Das ist zwar kaum zu verifizieren, aber es gilt zumindest als erwiesen, dass es sich um die längste Stadtmauer Europas handelt. Sie ist für Urlauber gegen Gebühr zugänglich und begehbar.

Inmitten der Weinberge werden hier erstklassige Tropfen gekeltert.

Erbaut wurde sie im 14. Jahrhundert, um das Gebiet vor Feinden zu schützen. Grund dafür waren die Salinen, die bis heute Salz aus dem Meerwasser gewinnen und damals für Reichtum sorgten. Eine weitere Delikatesse dürfen sich Liebhaber edler Gaumenfreuden auf Pelješac auf gar keinen Fall entgehen lassen: Austern. Diese sind in Kroatien nämlich keine Selbstverständlichkeit.

Im ganzen Land gibt es nur zwei Zuchtgebiete. Eines am Limski Kanal in Istrien (siehe Etappe 1) und eines eben in der Bucht von Mali Ston. Fast alle Restaurants auf der Halbinsel bieten sie tagesfrisch an – und das zu im internationalen Vergleich günstigen Preisen. Eine gute Idee ist es auch, eines der Weingüter auf Pelješac zu besuchen. Inmitten steiler Weinberge werden hier erstklassige Tropfen gekeltert.

Außerdem lohnt ein Ausflug auf die Insel Korčula. Im Inselinneren wechselt die Landschaft von anfänglicher

Die Festungsmauer von Ston gilt als die zweitlängste Stadtmauer der Welt.

Und noch eine Brücke: Das nach Franjo Tuđman benannte Bauwerk führt nach Dubrovnik.

Lieblichkeit zu tief eingeschnittenen Canyons. An ihren Rändern winden sich steile Pfade zu den zerklüfteten Küstenabschnitten hinab. Und in der Hauptstadt Korčula soll Marco Polo im Jahre 1254 das Licht der Welt erblickt haben. Das angebliche Geburtshaus ist heute ein Museum. Die Fähre legt in Orebić ab, was leider so gar nicht in diese Tour passt, aber beispielsweise eine schöne Abwechslung auf der Rückreise wäre.

Bei Zaton Doli fädelt man sich dann wieder in die Jadranska Magistrala ein und genießt einen sehr schönen Abschnitt bis einem eine weitere Überführung – die majestätische Franjo-Tuđman-Brücke – den Weg nach Dubrovnik, dem Zielpunkt dieser Etappe, ebnet. Diese als Perle der Adria vermarktete Stadt besteht wohl schon seit deutlich über 2000 Jahren und war ursprünglich auf einer vorgelagerten Insel gegründet worden.

Die Republik Ragusa

Der Kanal, der sie vom Festland trennte, wurde im Mittelalter zugeschüttet, die aus allen Nähten platzende Inselfestung und die gegenüberliegende jüngere Siedlung wuchsen zusammen. Der Felsen, auf dem heute noch die befestigte Altstadt thront, diente schon im dritten Jahrhundert vor Christus als Siedlungsplatz. Und er gab der späteren Stadtrepublik ihren Namen: Ragusa.

Dabei sah es zunächst gar nicht danach aus, dass an den felsigen Gestaden der Adria ein nennenswerter Ort entstehen sollte. Viel wichtiger war das benachbarte Epidaurum mit seinem gut geschützten Hafen, an dessen Stelle heute Cavtat steht (siehe Etappe 5, ab S. 112). Irgendwann wurde es dennoch in Schutt und Asche gelegt. Die verbliebene Bevölkerung zog es vor, sich hinter den schützenden Mauern Ragusas niederzulassen.

Cavtat war im Altertum wichtiger als Dubrovnik.

Diese Mauern, die noch heute – oder besser wieder – die zum UNESCO-Weltkulturerbe zählende Altstadt umgeben, bieten Besuchern eine Art Logenplatz. Sie sind – gegen eine Gebühr – durchgängig auf dem Mauerkranz begehbar. An vielen Stellen des fast zwei Kilometer langen Bauwerks eröffnen sich tiefe Einblicke auf die Hauptstraße der Altstadt, die Stradun, die dort verläuft, wo einst das trennende Gewässer wogte, und in die engen Gassen, die sich zwischen den charakteristischen roten Dächern verbergen.

Fast wäre von dieser Schönheit mit ihren vielen herausragenden kultur-

Von der Mauer um Dubrovnik hat man die dicht bebaute Altstadt gut im Blick.

Auf der Stradun in Dubrovnik ist auch abends viel los.

historischen Baudenkmälern nichts erhalten geblieben. Im Laufe der Jahrtausende hat die Stadt etliche Auseinandersetzungen überstanden – nicht zuletzt dank der Weitsicht ihrer Herrscher. Stets hielt man sich aus allem heraus, zahlte brav Steuern und Abgaben an alle Seiten und „erkaufte" sich so die nötige Ruhe, um sich ungestört dem wirtschaftlichen Aufschwung widmen zu können.

Im 16. Jahrhundert zählte die Handelsflotte mit 160 Schiffen zu den größten im Mittelmeerraum. Mit allen wichtigen Städten wurde reger Handel getrieben. Auch mit den Osmanen im Hinterland.

Die unabhängige Republik Ragusa wählte ihre Oberen selbst – und das in einem sehr sportlichen Rhythmus, damit keine Zeit blieb, irgendwelchen Versuchungen nachzugeben. Bis zu einem verheerenden Erdbeben im 17. Jahrhundert schien der mittelalterliche Masterplan auch aufzugehen.

Nach dem Erdbeben war nichts mehr wie vorher. Politisch konnte sich die Republik wieder einigermaßen erholen. Der maritime Stadtstaat war noch bis ins 18. Jahrhundert von großer Bedeutung, was nicht zuletzt die 85 Konsulate belegen, die zu dieser Zeit in den wieder aufgebauten Mauern residierten. Doch zu schnelle Machtwechsel zwischen Frankreich, Serbien oder Österreich-Ungarn ließen die Flotte – und damit die Einnahmen – schrumpfen, große Teile der Bevölkerung verarmten. 1918 wurde Ragusa dann Teil des Königreichs der Serben, Kroaten und Slowenen, 1921 änderte es dann seinen Namen in Dubrovnik.

Die Narben sind verheilt

Dann kam der Krieg, der zum Zerfall Jugoslawiens führte. Die Stadt wurde 1991 von serbisch-montenegrinischen Truppen schwer bombardiert und stark beschädigt. Die Altstadt wurde fast vollständig zerstört. Doch auch diese Narben sind verheilt. Dafür droht dem beliebtesten Reiseziel der Region nun der touristische Kollaps. Selbst in der Nebensaison ist das Zentrum überfüllt, vor allem mit Kreuzfahrtgästen. Endlose Touristenströme wollen sich ein eigenes Bild von der Kathedrale Mariä Himmelfahrt und anderen Sehenswürdigkeiten wie der Rolandsäule, dem Rektorenpalast, dem Sponza-Palast, dem Glockenturm oder dem Rathaus machen.

Etliche Szenen der Serie „Game of Thrones" wurden in Dubrovnik gedreht.

Hinzu kommt die Macht der Medien. Etliche Szenen der beliebten Serie „Game of Thrones" wurden hier gedreht und haben die Stadt noch bekannter gemacht. Viele Fans reisen extra nach Dubrovnik, um die Drehorte zu besichtigen und in die Welt der Fantasy-Saga einzutauchen. Einige der bekanntesten Drehorte sind die Festungen Lovrijenac und Bokar, die Treppe der Schande und der Minceta-Turm.

Wer der Stadt dennoch seine Aufwartung machen möchte, sollte den Besuch in die frühen Morgenstunden legen. Parken ist innerhalb der Stadtmauern nicht möglich, die Gassen sind für Autos und Motorräder gesperrt. Es gibt jedoch öffentliche Parkplätze und bewachte Parkhäuser in fußläufiger Entfernung, wie das Parkhaus an der Ilijina glavica (Zagrebačka ulica bb). Und danach geht es auf die Schlussetappe der Jadranska Magistrala … ◄

Durch die Serie Game of Thrones hat der Besucherandrang in Dubrovnik noch zugenommen.

Vrlika
Livno
Prozor
Kreševo
Ramsko jezero
D1
M-6.1
Tomislavgrad
R 437
A1
Sutina
Sinj
HR
Buško jezero
Vrilo
Jablanica
Konjic
D220
Trilj
Poklečani
Split
BiH
D8
Omiš
D39
Imotski
D76
Posušje
Supetar
Stanići
Pisak
Brela
Tunnel Sveti Ilija
Sveti Jure
1.762 m
Grude
Široki Brijeg
Zavoznik
Mostar
Brač
Baška Voda
Makarska
Kokorin
Bol
Sumartin
D512
Vrgorac
Ljubuški
Čitluk
Hvar
Drašnice
Drvenik
Stari Grad
Hvar
Sućuraj
A10
Čapljina
M-6
Stolac
Gradac
Metković
Svitavsko jezero
Donja Vrućica
Ploče
D9
Vela Luka
Pelješac
Dobrovo
Korčula
Blato
Neum
Ljubinje
Korčula
D414
Ston
D235
Putnikovići
D 8
Lastovo
Mljet
Dubrovnik
0
15 km

TOURDAUER

ca. 5 Stunden (reine Fahrtzeit)
1 - 2 Tage (mit Besichtigungen)

STRECKENLÄNGE

ca. 240 Kilometer

ROADBOOK

Split, Omiš, Brela, Baška Voda, Makarska, Gorij Tučepi, Gradac, Ploče, Pelješac-Brücke, Ston, Zaton Doli, Franjo-Tuđman-Brücke, Dubrovnik.

INFO

visitomis.hr/de • visitdubrovnik.hr/de

CHARAKTERISTIK

Mit der Eröffnung der mautfreien **Pelješac-Brücke** kann der bosnisch-herzegowinische Abschnitt der Jadranska Magistrala, der sogenannte Neum-Korridor, nun elegant umfahren werden. Doch zuvor gilt es, die legendäre Auffahrt auf den Sveti Jure, den höchsten asphaltiert erreichbaren Punkt Kroatiens, zu genießen.

SCHAUEN

Auf der Halbinsel **Pelješac** sind Mali und Veliki Ston durch eine 5,5 Kilometer langen Festungsmauer verbunden (GPS 42.837136, 17.696335). Damit soll es sich um die zweitlängste Mauer der Welt handeln. **ston.hr**

Bei Baška Voda zweigt ein kurzer, aber steiler Stich nach **Bratuš** (GPS 43.328486, 16.977989) ab. Das Dorf ist außerhalb der Hochsaison ein Juwel der Ruhe - mit einem Traumstrand!

SCHLAFEN

Nur wenige Kilometer südlich von Split in Podstrana gelegen, bietet das **Hotel Eden** (GPS 43.495552, 16.536948) schicke Zimmer, ein tolles Restaurant, Pool mit Panoramablick aufs Meer, das über eine Treppe zu erreichen ist, und kostenfreie Parkplätze. **hoteleden-split.com**

Ebenfalls in Podstrana befindet sich dascharmante und familiengeführte **Hotel San Antonio** (GPS 43.488913, 16.542924). Neben den geräumigen Zimmern begeistert vor allem die Lage des hauseigenen Restaurants: Es liegt direkt am Strand. Kostenlose Parkplätze sind vorhanden. **hotel-sanantonio.com**

Direkt am kleinen Hafen vom Mali Ston auf Pelješac gelegen, ist das **Ostrea Hotel** (GPS 42.847197, 17.703727) in einem urigen Steinhaus untergebracht. Zum Hotel gehört mit der **Kapetanova kuća** ein eigenes Restaurant mit schöner Terrasse, auf der man sich die berühmten Austern schmecken lassen kann. Kostenlose Parkplätze sind vorhanden. **ostrea.hr**

Das **Hotel Cavtat** (GPS 42.84674, 17.70483) südlich von Dubrovnik ist modern eingerichtet, bietet elegante Zimmer, ein hauseignes Restaurant und kostenlose Parkplätze. **hotel-cavtat-hr**

SCHLEMMEN

In der **Villa Koruna** in Ston (GPS 42.84674, 17.70483) kann man nach Herzenslust Austern und andere edle Meeresfrüchte genießen. Der Besitzer organisiert auch Besuche in der nahe gelegenen Saline. **vila-koruna.hr**

Das **Neretva-Delta** zwischen Ploče, Metković und Opuzen ist Kroatiens großer Obstgarten. Vor allem schmackhafte Mandarinen werden hier angebaut, im Herbst geerntet und an den zahlreichen Ständen entlang der Jadranska Magistrala verkauft.

Bosnien und Herzegowinas Küste ist entlang der Magistrala dicht bebaut.

Das Kuriosum

Der zehn Kilometer lange Abschnitt der Jadranska Magistrala auf bosnisch-herzegowinischem Staatsgebiet ist mit Eröffnung der Pelješac-Brücke zu einem Trip für Nostalgiker geworden.

Ziemlich genau 9,7 Kilometer lang ist das zur Jadranska Magistrala gehörende Teilstück, das auf dem Staatsgebiet von Bosnien und Herzegowina verläuft. Damit ist es ein besonderes Kuriosum: Zwei Grenzübergänge auf weniger als 10 000 Metern – wo gibt es so etwas schon?

Die Situation ist den aktuellen politischen Verhältnisse geschuldet. Als die Küstenstraße gebaut wurde, gab es noch die Sozialistische Föderative Republik Jugoslawien. In diesem blockfreien Staat waren neben Kroatien und Bosnien und Herzegowina auch Slowenien, Montenegro, Serbien sowie Mazedonien gleichberechtigte Teilrepubliken. Grenzen waren also während seiner Existenz von 1945 bis 1992 kein Thema.

Dann kam der Jugoslawienkrieg, die Nachfolgestaaten wurden anerkannt. Der Friedensvertrag von Dayton, der 1995 das Ende der Kampfhandlungen besiegelte, orientierte sich an historischen Grenzen. Demnach geht der Zugang Bosnien und Herzegowinas zum Meer auf das Ende des 17. Jahrhunderts zurück. Dieser winzige Wurmfortsatz wurde allerdings nicht nur für Reisende zum Problem, sondern vor allem für die Bewohner Südkroatiens, die plötzlich vom Rest des Landes abgeschnitten waren. Erschwerend kam hinzu, dass sich die Wirtschaft in den beiden Staaten unterschiedlich entwickelte.

Der Umweg über Pelješac war auch schon früher eine hübsche Alternative.

Kroatien ist 2013 der EU beigetreten und gehört seit 2023 zum Euro- wie zum Schengen-Raum. Damit sind die beiden Grenzübergänge an der Magistrala offiziell EU-Außengrenzen, die entsprechend geschützt werden müssen. Lästige Kontrollen der mitzuführenden Papiere – neben gültigen Personalausweisen ist die grüne Versicherungskarte Pflicht – gehören hier zum Alltag.

Der Umweg über die Halbinsel Pelješac war dank einer Fährverbindung auch früher schon eine durchaus hübsche Alternative, brachte aber keine Zeitersparnis. Mit der Eröffnung der Brücke (siehe Etappe 4, ab S. 92) ist diese Strecke nunmehr zur Hauptroute geworden. ►

Die Altstadt von Mostar mit der Alten Brücke – stari most – ist ein Topziel in der Herzegowina.

Nicht nur Traditionalisten sei die Fahrt über den Neum-Korridor dennoch, beispielsweise auf der Rückreise ans Herz gelegt. Auch hier schlängelt sich die Küstenstraße malerisch an der Adria entlang. Zudem ist Neum durchaus für einen Zwischenstopp geeignet – oder als Ausgangspunkt eines spannenden Abstechers in die Herzegowina. Die entsprechende Infrastruktur mit Hotels und Pensionen ist jedenfalls vorhanden.

So sei hier über Dobrovo ein Schwenk ins Hinterland empfohlen. Der Weg führt über das Städtchen Stolac im fruchtbaren Bregava-Tal, einem Nebenfluss der Neretva, geradewegs nach Mostar, der Hauptstadt des Kantons Herzegowina-Neretva. Im Dayton-Abkommen wurde das Land nach Schweizer Vorbild in Kantone aufgeteilt.

Die wohl schönste Stadt des Landes liegt am Mittellauf der Neretva. Beiderseits des Flusses breitet sich Mostar in einem Talkessel aus, der nur 60 Meter über dem Meeresspiegel liegt und von den Karstgebirgen Velež und Čabulja umgeben ist, die beide an der 2000er-Marke kratzen.

Das mediterrane Klima, das von der Adria heraufzieht, ist hier sehr präsent. Aufgrund dieses Einflusses kann die Temperatur in der Stadt im Frühling schon deutlich über 20 Grad steigen, während auf den Bergen noch Schnee liegt. Im Sommer jedoch staut sich die Hitze, Temperaturen von über 40 Grad Celsius sind an der Tagesordnung.

AUTOREN-TIPP

In einem eleganten Steinhaus, das von einem Garten umgeben ist, bietet die **Villa Fortuna** (GPS 43.339298, 17.810490) hübsche Zimmer und Apartments. Die Brücke von Mostar ist nur 150 Meter entfernt. Frühstück und kostenloser Parkplatz werden angeboten. Wer nur Zeit für ein Mittagessen hat, dem sei das **Restaurant Kulluk** (GPS 43.338365, 17.815432) mit Panoramablick auf das Treiben in der Stadt empfohlen. **villafortuna.ba • kulluk.ba**

Ein guter Ausgangspunkt für eine Besichtigung ist der – gesicherte – Parkplatz an der Franziskanerkirche. Von dort aus sind die kleinen, schon im Mittelalter angelegten Gassen in wenigen Minuten zu erreichen.

Wahrzeichen der Stadt

Ein Spaziergang über den berühmten „stari most", die Alte Brücke und das Wahrzeichen der Stadt, ist Pflicht. Sie überspannt den Fluss Neretva und teilt Mostar in zwei Hälften. Um 1566 erbaut, wurde sie 1993 im jugoslawischen Bruderkrieg zerstört. Seit 2005 gehören nicht nur die rekonstruierte Brücke, sondern die gesamte Altstadt zum UNESCO-Weltkulturerbe.

Sveti Jakov-Kirche im Wallfahrtsort Međugorje.

Der Rückweg verläuft über die herzegowinische Weinstraße nach Međugorje, einem wichtigen katholischen Wallfahrtsort. Dann geht es mal links, mal rechts der Neretva vorbei am reizvollen, halb künstlichen See Svitavsko Jezero zurück zum bosnisch-herzegowinischen Teil der Jadranska Magistrala. ◄

Traditioneller Mittagstisch in Mostar, ein Gaumenschmaus mit Aussicht ...

Schluss-Akkord

Der letzte Abschnitt der Jadranska Magistrala verlässt Kroatien und setzt sich unter der ursprünglichen, aus Jugoslawien stammenden Bezeichnung M-1 durch Montenegro fort. Bis kurz vor die albanische Grenze.

Von der herrlichen Bergstraße R-1 fällt der Blick auf die Bucht von Kotor.

Die Bucht von Kotor wird vielfach auch als der montenegrinische Fjord bezeichnet.

Von Dubrovnik aus verläuft die Jadranska Magistrala zunächst über Cavtat weiter nach Čilipi. Der Ort ist für seine Folkloredarbietungen bekannt. Einen guten Eindruck davon vermittelt der traditionelle Markt, der jeden Sonntag stattfindet. Hier kann man lokale Produkte wie Olivenöl, Wein, Käse, Honig und handgefertigte Souvenirs kaufen und eben traditionelle kroatische Tänze und Musik erleben. Vor allem aber ist Čilipi Kroatiens südlichstes Dorf und markiert damit das offizielle Ende des kroatischen Teils der Jadranska Magistrala.

Die folgende Grenze liegt inmitten einer fast toskanisch anmutenden Landschaft. Mit dem Grenzübertritt nach Montenegro, der sich aufgrund der obligatorischen Zollkontrollen leider meist in die Länge zieht, wird die D 8 nach rund 650 Kilometern wieder zur M-1, wie zu Titos Zeiten.

Uhren ticken langsamer

Gewöhnungsbedürftig ist die Fahrweise in diesem südosteuropäischen Land: Wird sonst auf dem Balkan meist zügig, manchmal auch ein wenig gehetzt gefahren, ticken die Uhren in Montenegro deutlich langsamer. So ist schon die Durchfahrtsstraße von Herzeg Novi, der ersten nennenswerten montenegrinischen Stadt an der Küstenstraße, auf nur 40 km/h beschränkt. Doch die Einheimischen rollen gerne mit locker 25 Prozent weniger „Highspeed“ durch die Gegend. Angesichts der überraschend hohen Polizeipräsenz reiht man sich am besten hinten ein und lässt sich geduldig treiben.

Fähren verkürzen die Fahrtzeit um die Bucht.

Byzantinische Kunstwerke

Zur Gewöhnung an diese Entschleunigung lohnt sich ein Bummel durch die von einer Stadtmauer umgebene Altstadt. Hier gibt es einige historische Gebäude zu bewundern, darunter das Kloster Savina aus dem 11. Jahrhundert, das eine schöne Sammlung byzantinischer Kunstwerke beherbergt, oder die Festung Kanli Kula aus dem 16. Jahrhundert, von der aus man einen herrlichen Blick über die Stadt und die umliegenden Berge hat. Oder man gönnt sich eine Erfrischung an der Promenade, die von zahlreichen Restaurants, Bars und Cafés gesäumt ist.

Im weiteren Verlauf führt die Originalstrecke der Jadranska Magistrala am Südufer der Bucht von Kotor ent-

Wer die Bucht komplett umkreist, sollte im malerischen Perast Halt machen.

Auch die Altstadt von Kotor ist bereits Weltkulturerbe.

lang, einschließlich einer Fährüberfahrt von Kamenari nach Lepetane. Alle paar Minuten legt ein Schiff ab. Das verkürzt die Fahrtzeit, die bei einer Umrundung der fast 30 Kilometer langen Bucht bis hinein nach Kotor anfallen würde, erheblich.

Europas südlichster Fjord

Die auch Boka Kotorska genannte Bucht wird gerne als südlichster Fjord Europas bezeichnet, was natürlich Unsinn ist. Dennoch beeindruckt dieses Naturwunder durch die Kombination von steilen, teilweise über 1000 Meter hohen Felswänden, kleinen, entzückenden Siedlungen zu ihren Füßen und der smaragdgrün schimmernden Adria.

Bei den Römern bedanken

Malerische Orte wie Perast sind um die Bucht verstreut, jeder mit eigenem Charme und Charakter. Kotor, die Stadt, die der Bucht ihren Namen gibt, ist der größte Ort, liegt am tiefsten Punkt und hat eine wunderschöne Altstadt. Diese wurde im Mittelalter von den Venezianern erbaut, aber die Geschichte Kotors reicht bis ins dritte Jahrhundert zurück. Man darf sich also, wie so häufig an den Küsten rund ums Mittelmeer, mal wieder bei den Römern bedanken.

Gassen, Kirchen, Paläste

Die Altstadt von Kotor mit ihrer 4,5 Kilometer langen Stadtmauer bietet verwinkelte Gassen, Kirchen und Paläste, die so einzigartig sind, dass auch sie von der UNESCO zum Weltkulturerbe erklärt wurden. Die Kathedrale zum Beispiel stammt aus dem 12. Jahrhundert und ist eine Mischung aus romanischem und byzantinischem Stil.

Ein weitere Attraktion ist der Aufstieg zum Fort Lovćen, das auf einem Hügel über der Altstadt liegt. Der Weg ist recht steil, aber die Anstrengung wird mit einem herrlichen Panoramablick belohnt. Danach ist eine Stärkung in einem der zahlreichen Restaurants von Kotor genau das Richtige. Wer mag, sollte die frischen Meeresfrüchte, Muscheln und Austern kosten, die von den Muschelfarmen in Herzeg Novi oder Risan, der ältesten Siedlung an der Bucht von Kotor, stammen.

Die 46 Kilometer lange Prachtstraße beginnt fast auf Meereshöhe.

Zu viel essen sollte man allerdings noch nicht, denn wenn man den folgenden Tipp für die Weiterfahrt beherzigt, könnte ein zu voller Magen eher hinderlich sein. Die Jadranska Magistrala ist gemeinhin als Küstenstraße bekannt, führt aber zwischen Kotor und Budva durchs Binnenland – und das ohne große Aussichten. Wir empfehlen als Alternative zum originalen Abschnitt der Magistrala daher einen Abstecher auf die R-1. Sie ist eine der eindrucksvollsten – und dennoch wohl unbekanntesten – Bergstraßen Europas.

Der Einstieg in die 46 Kilometer lange Prachtstraße liegt fast auf Meereshöhe im Zentrum von Kotor. Wer nicht aufpasst, landet im Tunnel der M-1 und muss einige Umwege in Kauf nehmen, um wieder auf den richtigen Weg zu gelangen.

Zum Glück hat das montenegrinische Ministerium für nachhal-

Nur per Boot ist die Kirche Gospa od Škrpjelain in der Bucht von Kotor erreichbar.

Die Straßen durch den Nationalpark Lovćen erfreuen das Herz jedes Motorradreisenden.

tige Entwicklung und Tourismus 2020 eine neue Beschilderung fertiggestellt. Seitdem ist die R-1 offiziell Teil der insgesamt 270 Kilometer langen Route „More i visine" (zu Deutsch: Meer und Berge), die weitgehend dem hier vorgeschlagenen Abstecher entspricht, aber zusätzlich noch zum Nationalpark Skadarsee und an dessen Ufer entlang führt. Ganz so weit soll es hier aber gar nicht gehen, schließlich soll nur ein wenig ansprechender Abschnitt der montenegrinischen Magistrala umgangen werden.

21 Kilometer, rund 900 Höhenmeter und 16 zum Teil extrem enge Kehren später kann man sich eine Pause gönnen – an einem Aussichtspunkt, der einem im wahrsten Sinne des Wortes den Atem raubt. Der Blick in die Bucht bringt eine optische Täuschung mit sich. Wer auf den „Tafelberg" neben Kotor schaut und dabei die Wasserlinie im Auge behält, glaubt, die Welt stünde schief. Tut sie natürlich nicht, das Auge spielt einen Streich.

Terrasse im Felshang

Mit ebendiesem Ausblick darf man sich dann auch getrost eine kulinarische Rast im Restaurant Nevjesta

Jadrana gönnen, dessen Terrasse in den steilen Felshang gehauen zu sein scheint. Es ist gleich das erste an der Route, man kann es also nicht verpassen. Sehr zu empfehlen ist eine Portion Raštan, bei uns besser bekannt als Grünkohl. Überraschenderweise ist es eines der Nationalgerichte der Montenegriner.

Kehrenreiches Touren in den Bergen um Cetinje.

Auf den schwarzen Berg

Die eigentliche Serpentinenstraße endet im 958 Meter hoch gelegenen Weiler Krstac. Wer den 64 Quadratkilometer großen Nationalpark Lovćen erkunden möchte, schwenkt hier ab auf die R-25. Mitten im Park liegt der nur über Schotter erreichbare, 1749 Meter hohe Gipfel des Štirovnik. Diesem „schwarzen Berg" verdankt Montenegro seinen Namen.

Hat man nun schon mal den Weg durch den Park gewählt, empfiehlt sich unbedingt auch noch ein Abstecher auf den Jerzerski Vrh (Jerzer Gipfel). Mit 1657 Metern ist er der zweithöchste Gipfel im Nationalpark. Hier lockt seit 1974 ein Aussichtspunkt der ganz besonderen Art: Das Njegoš-Mausoleum gilt nämlich als das höchstgelegene Grabmal

Essen mit Aussicht lässt sich im Restaurant Nevjesta Jadrana genießen.

Das Njegoš-Mausoleum im Lovćen-Massiv.

der Welt. Der Name bezieht sich dabei auf das bereits erwähnte Dorf Njeguši, in dem 1813 ein gewisser Radivoje Tomov Petrović das Licht der Welt erblickte.

Nationalheld Petrović

Njeguši ist das bekannteste Dorf in Montenegro, da die Petrović-Dynastie von hier abstammt. Diese stellte zwischen 1697 und 1918 sämtliche Herrscher Montenegros, zunächst als Bischöfe, dann als Fürsten und schließlich als Könige. Radivoje wurde 1830 Fürstbischof, erhielt den Titel Petar II. Petrović – und gilt als Nationalheld. Unter seiner Herrschaft wurden die ersten Schulen gegründet, die erste Buchpresse eingeführt, aber auch staatliche Institutionen wie Senat, Verwaltungs- und Strafverfolgungsbehörden geschaffen. Damit legte er die administrativen Grundlagen für einen modernen Staat. Nebenbei fand er auch noch Zeit zum Schreiben.

Spektakuläre Ruhestätte

Er gilt noch immer als der bedeutendste montenegrinische Dichter. All dies ist umso erstaunlicher, als er an einer Lungenkrankheit litt und nur 38 Jahre alt wurde. Er selbst wählte den spektakulären Gipfel zu seiner letzten Ruhestätte.

Schon zu Lebzeiten ließ er dort eine Kapelle errichten, in der später seine sterblichen Überreste beigesetzt

AUTOREN-TIPP

Auf der Halbinsel Luštica in der Bucht von Kotor, lohnt sich ein Spaziergang durch das historische Fischerdorf Bjelila. Es besteht aus nur 20 rund 700 Jahre alten Steinhäusern. Eines davon ist die **Villa Kristina**, ein Restaurant mit sieben stilvoll eingerichteten Apartments. Es liegt direkt am Meer. Serviert werden hochklassige Fisch- und Meeresfrüchte-Gerichte.

villakristina.me
GPS 42.406153, 18.665761

wurden. Die Straße führt – fast – bis ganz hinauf zum Nationalheiligtum des Landes. Vom Parkplatz aus sind dann allerdings noch 461 Stufen zu erklimmen.

Ist man auf der R-1 verblieben, sind zwischen dem Dorf Njeguši und der Hochebene von Bukovica dann erneut Serpentinen angesagt, die über den höchsten Punkt der Strecke auf ein Hochplateau führen. Dort liegt Cetinje.

Erneut sind Serpentinen angesagt, die hier auf ein Hochplateau führen.

Die Stadt schmiegt sich mit heute gut 14 000 Einwohnern auf 670 Metern Höhe sanft an den Fuß des Lovćen-Massivs. Nur wenige wissen, dass Cetinje bis heute der Amtssitz des montenegrinischen Präsidenten ist. Noch weniger bekannt dürfte sein, dass die Stadt vom Ende des 15. Jahrhunderts bis 1918 sogar die Hauptstadt des Landes war, nachdem die an der Küste residierenden Herrscher im Mittelalter der ständigen Bedrohung durch einfallende Horden überdrüssig geworden waren. Heute ist Podgorica, weiter östlich und nicht an der Magistrala gelegen, die Hauptstadt des Landes.

Auf dem Weg zurück zur Küstenstraße ist nun der 876 Meter hohe Seoštik-Pass zu bezwingen. Dieser führt über den Paštrovići, eines der zahlreichen Vorgebirge des Dinarischen Gebirges, in den mondänen Badeort Budva. Mit ihm erreicht man

Die Jet-Set-Insel Sveti Stefan gehört zu Budva. Das Hotel ist derzeit geschlossen.

Das Restaurant Jadran in Budva ist Montenegros beliebtester Biker-Treff – mit Privatstrand.

wieder den blau schimmernden Jadran, der auch der Magistrala ihren Namen gab. Budva ist eine der ältesten Städte an der Adriaküste und das touristische Zentrum des Landes. Nirgendwo sonst in Montenegro ist das Angebot an Unterkünften und Aktivitäten so groß wie hier.

In Budvas Altstadt

Auch diese Altstadt ist von einer massiven Stadtmauer umgeben. Sie bietet enge Gassen und historische Gebäude, die die jahrhundertealte Geschichte der Stadt widerspiegeln. Zu den bekanntesten gehören das Archäologische Museum, die Johanneskirche und das Kloster Podostrog.

Es lohnt sich aber auch, hier ein oder zwei Tage am Meer zu verbringen, denn eine der Besonderheiten von Budva sind die zahlreichen Strände, die sich entlang der Küste erstrecken. Der beliebteste ist der Strand von Mogren, der für seinen goldenen Sand bekannt ist. Aber auch die Strände Jaz, Slovenska, Becici und Kamenovo bieten eine malerische Kulisse für ein Sonnenbad oder einen Spaziergang am Meer.

Noch mehr Ortsperlen

Unaufhaltsam schlängelt sich die Jadranska Magistrala nunmehr ihrem Ende entgegen. Bei diesem Schluss-Akkord sollte, wenn möglich, nicht gehetzt werden, schließlich sind noch drei Küstenperlen zu würdigen. Die erste heißt Petrovac na moru. Ihre bekannteste Sehenswürdigkeit ist die Festung Kastel aus dem 16. Jahrhundert, die auf einem Hügel über der Stadt thront und einen tollen Blick auf die Küste bietet.

Stari Bar wurde von einem Erdeben fast zerstört.

Größter Hafen des Landes

Bar – die nächste Stadt an der Magistrala – ist ein wichtiger Verkehrsknotenpunkt, da hier der größte Hafen Montenegros liegt. Dieser ist Hauptumschlagplatz für Güter, bietet aber auch internationale Fährverbindungen, etwa nach Bari in Italien.

Lohnenswert ist ein kleiner Abstecher nach Stari Bar, der ursprünglichen Altstadt von Bar. Dieses „alte Bar" ruht zu Füßen des Küstengebirges von Rumija, und zwar im wahrsten Sinne des Wortes. Nachdem es vor knapp 2000 Jahren gegründet wurde, erbauten im Laufe der Jahrhunderte verschiedenste Völker dort prachtvolle Gebäude, von denen nach

Am Freiheitsdenkmal in Ulcinj lässt sich die Jadranska Magistrala abschließen.

Die Strände von Ulcinj bilden das Ende der Magistrala.

einem Erdbeben im Jahr 1979 nur noch Ruinen übrig geblieben sind. Die stummen Zeugen der verschiedenen Herrschaftsepochen können aber wenigstens besichtigt werden.

Schlusspunkt Ulcinj

Dann ist es soweit: An der Abzweigung zur Altstadt von Ulcinj, der südlichsten Stadt Montenegros, endet die Jadranska Magistrala offiziell. Es lohnt sich, hier ein wenig zu verweilen, durch die engen Gassen zu flanieren und die historischen Stätten zu besichtigen. Sehenswert ist das beeindruckende Stadttor, das aus dem 18. Jahrhundert stammt. Eine weitere Attraktion ist das Ulcinj-Schloss, das auf einem Hügel über der Stadt thront. Aber ähnlich wie auch Budva ist Ulcinj vor allem für seine wunderschönen Strände bekannt. Ein Grund mehr, sich hier von der doch langen Reise auf der Jadranska Magistrala zu erholen.

Der längste Strand der Stadt, Velika Plaza, erstreckt sich über zwölf Kilometer entlang der Küste und entpuppt sich als ein Paradies für Wassersportler. Und wer doch noch ein wenig fahren möchte, lenkt sein Fahrzeug 15 Kilometer weiter in Richtung Süden.

Ende am Nudistenstrand

Nicht wenige behaupten, dass der eigentliche Zielpunkt der Magistrala auf der Insel Ada Bojana liegt. Das dreieckige Eiland befindet sich im äußersten Süden Montenegros und wurde von der Bojana geformt. Dieser Fluss ergießt sich an der Grenze zu Albanien in die Adria und teilt sich dabei in zwei Arme auf. Das Eiland bietet damit ein einzigartiges und malerisches Landschaftsbild. Und wenn die These stimmt, hat es durchaus seinen Reiz, denn die Stichstraße endet an einem wunderschönen, drei Kilometer langen Sandstrand, der – um der Chronistenpflicht genüge zu tun – vor allem Nudisten anzieht. ◀

Montenegros Landschaftsrouten

In Montenegro gibt es neben der Küste weitere Höhepunkte zu entdecken. Wenn man schon mal da ist ...

Es lohnt sich, neben der Küste auch das Binnenland von Montenegro genauer zu erkunden. Dazu eignen sich die vier Landschaftsrouten, die von dem kleinen Balkan-Staat eingerichtet wurden, vortrefflich. Von der 275 Kilometer langen „Meer und Berge"-Route war bereits die Rede.

Wer das volle Programm erleben möchte, entscheidet sich für die gut 700 Kilometer lange Rundreise „Die Krone von Montenegro", die zu allen wesentlichen Natur- und Kulturattraktionen des Landes führt.

Der 76 Kilometer lange Durmitor-Ring hingegen ist ein Tagestrip durch das im Norden gelegene Hochgebirge. Hoch hinaus geht es auch bei der „Runde über Korita", in deren Verlauf gut 1400 Meter Höhe erreicht wird. Nur ist die Anfahrt von der Küste aus kürzer, beginnt und endet diese Tagestour doch knapp östlich der Hauptstadt Podgorica.

Zu den Landschaftsrouten gibt es GPS-Daten und auch eine Tourenkarte zum kostenlosen Download.

panoramastrassen.montenegro.travel

Die Gelegenheit zum Besuch der Tara-Schlucht im Norden Montenegros sollte man wahrnehmen.

Vladušići
Bilećko jezero
Vraćenovići
Velimlje
BiH
M-9
Nikšić
M-I 118
Osojnik
Trebinje
M-7
Morakovo
Bijele Poljane
Dubrovnik
Duboki Do
MNE
Grab
Jesenice
Cavtat
D8
HR
M-12
Danilovgrad
Čilipi
Gradina
Risan
M-8
Velestovo
M-3
Gruda
Perast
Kamenari
Lepetane
Podgoric
D516
Herceg Novi
Kotor
Mausoleum
Petar II Petrovic
M-1
Cetinje
M-10
Srpska
1.419 m
R-1
Nationalpark
Lovćen
Rijeka Crnojevića
Vrela
Budva
Seoštik
876 m
Virpazar
Sveti Stefan
M-1
M-2
Skadarsko
Tunnel Sozina
Petrovac na Moru
Sutomore
Bar
Dobra V
Ulcinj
Bari (Italien)
0 5 10 km

TOURDAUER
ca. 6,5 Stunden (reine Fahrtzeit)
1 - 2 Tage (mit Besichtigungen)

STRECKENLÄNGE
ca. 275 Kilometer

ROADBOOK
Dubrovnik, Cavtat, Čilipi, Herzeg Novi, Kamenari, Lepetane, Kotor, Krstac, Njeguši, Cetinje, Budva, Petrovac na moru, Bar, Ulcinj.

INFO
montenegro.travel/de

CHARAKTERISTIK
Die Schlussetappe der Jadranska Magistrala bietet noch einmal alles auf, was man von einer Küstenstraße erwarten darf: tolle Streckenführung, beeindruckende Ausblicke auf die blaue - nun montenegrinische - Adria und sehenswerte Orte. Der empfohlene kleine Abstecher beinhaltet zudem mit der R-1 eine der eindrucksvollsten Bergstraßen Europas und führt über den 876 Meter hohen Seoštik-Pass zurück ans Meer.

SCHAUEN
Das **Njegoš-Mausoleum** (GPS 42.400350, 18.83771) ist eines der Nationalheiligtümer Montengros und zugleich das höchstgelegene Grabmal der Welt. Es befindet sich auf dem Jerzerski Vrh, dem mit 1655 Metern höchsten Gipfel des Lovćen-Nationalparks. Eine Straße führt - fast - bis ganz hinauf.

SCHLAFEN
Das erst vor wenigen Jahren eröffnete **Carine Hotel Kumbor** liegt an der Bucht von Kotor (GPS 42.437295, 18.589701) und bietet damit nicht nur eine tolle Lage, sondern auch schönes Design, große Zimmer, Pools und kostenfreie Parkplätze.
carinehotels.me/en

Das **Hotel Monte Rosa** (GPS 42.378274, 18.8411108) liegt im südlichen Teil des Nationalparks Lovćen, ist rustikal eingerichtet, verfügt über ein eigenes Restaurant und kostenlose Parkplätze.
hotel-monte-rosa.cetinje.hotels-me.net

Das zentral in der Altstadt von Ulcinj gelegene **Hotel Pirate** (GPS 41.92431, 19.20092) hält nicht nur einen der wohl schönsten Ausblicke auf diesen Teil der Adria, sondern auch stilvoll eingerichtete Zimmer und ein gutes Restaurant bereit. Ein gebührenpflichtiger Parkplatz ist fußläufig entfernt.
osa.cetinje.hotels-me.net

Im Herzen der Altstadt von Ulcinj bietet das **Hotel Palata Venezia** (GPS 41.923711, 19.201767) sehr komfortable Zimmer, Zugang zum privaten Sandstrand und einen Parkplatz. In dem historischen Gebäude sind (als Teil der Stadtbefestigung) auch zwei Museen untergebracht.
hotelpalatavenezia.com

SCHLEMMEN
Egal ob Grillplatte oder Grünkohl: Das Essen schmeckt im **Nevjesta Jadrana** (GPS 42.420007, 18.794476) noch mal so gut. Schließlich hat man von der Restaurantterrasse einen Logenplatz mit atemberaubendem Blick auf die Bucht von Kotor. Im Haus gibt es auch ein kleines B&B-Apartment.
nevjestajadrana.weebly.com

STÄDTE & ORTE

PÄSSE & BERGSTRASSEN
